Nongcun Laodongli Zhuanyi
    de Shehui Zhengce Gongji
Guoji Jingyan yu Guonei Shijian

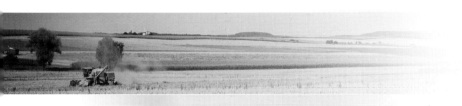

农村劳动力转移的
社会政策供给：

国际经验与国内实践

张　青／著

中国财经出版传媒集团

经济科学出版社
Economic Science Press

图书在版编目（CIP）数据

农村劳动力转移的社会政策供给：国际经验与国内实践/
张青著 . —北京：经济科学出版社，2016.12
ISBN 978 - 7 - 5141 - 7673 - 5

Ⅰ.①农… Ⅱ.①张… Ⅲ.①农村劳动力 - 劳动力转移 -
研究 - 中国 Ⅳ.①F323.6

中国版本图书馆 CIP 数据核字（2016）第 312273 号

责任编辑：刘 莎
责任校对：刘 昕
责任印制：邱 天

农村劳动力转移的社会政策供给：国际经验与国内实践
张 青 著
经济科学出版社出版、发行 新华书店经销
社址：北京市海淀区阜成路甲 28 号 邮编：100142
总编部电话：010 - 88191217 发行部电话：010 - 88191522
网址：www. esp. com. cn
电子邮件：esp@ esp. com. cn
天猫网店：经济科学出版社旗舰店
网址：http://jjkxcbs. tmall. com
北京密兴印刷有限公司印装
710×1000 16 开 11.75 印张 190000 字
2016 年 12 月第 1 版 2016 年 12 月第 1 次印刷
ISBN 978 - 7 - 5141 - 7673 - 5 定价：49.00 元
（图书出现印装问题，本社负责调换。电话：010 - 88191510）
（版权所有 侵权必究 举报电话：010 - 88191586
电子邮箱：dbts@ esp. com. cn）

前　言

　　站在国际现代化比较的视野下来看，农业劳动力实现产业转移是任何一个国家走向工业化和现代化进程中的一个伴生现象，解决农业劳动力从农业生产走向工业化生产，是走向现代化的必经之路。西方早发国家由于利用了特殊的"天时和地利"条件，而逐步完成了农业劳动力转移的任务，实现了农民的身份转换，完成了传统农民市民化的进程。而在中国由于长期实行的制度化二元社会结构，城乡之间经济发展与社会发展的巨大差异，导致农村劳动力转移不仅仅是完成产业间转移，而是从农村走向城市的过程。产业间转移，也许不需要地域的流动，而中国农村劳动力转移，在进行产业转移的同时，大多数涉及地域之间的流动，这种流动多采取单向度的从农村流向城市，因此，在我国出现特有的农民工流动大军。由于中国的快速发展是以牺牲进城农民的社会福利为代价的。三十年的高速发展，并没有带来进城农民社会福利与之相匹配的快速改变和提高。留守儿童、留守妇女、留守老人，农村的空壳化发展仍是今天中国社会转型过程中不得不面对的沉重话题，进城农民的市民化进程，获得与城市居民相同的而社会福利，同等的社会权利一直是研究社会发展学者笔下的主要议题。时至今日，农民工在走向城市的三十年历程中，其身份仍然难以找到合适的归属。

　　从农业向工业转移就业，是一个国家走向现代化的必经之路，中国作为一个后发展国家，一定有许多早发展国家的经验值得学习和借鉴，同时即使与中国处在同样发展程度的国家，同样也有许多经验值得中国去学习。本书站在国际现代化比较的视角下，以发展经济理论为研究的逻辑起点，以现代化进程中农村劳动力转移这一问题为分析对象，紧紧抓住农村劳动力转移中政府如何实现农村劳动力的转移就业问题，以及政府在农村劳动力转移中的作用进行分析。

通过与早发国家的国际比较得出：由于后发国家在人口、农村贫困以及工业化的技术选择等方面存在的特殊性，使得后发国家不可能完全照搬西方早发国家实现农村劳动力就业转移的单向度路径，采取多向度发展的复合路径。在这一过程中，由于市场发育的不健全，农村劳动力转移不可能完全走市场化道路，而需要政府这只"看得见的手"进行宏观调控，进行有组织的转移，并在这一过程中实施多种私人所不能供给的公共服务，促进农村劳动力的良性流动和转移，为农村劳动劳动力转移提供制度安排和相应的政策供给。

本书结构作如下的安排：第一部分在与西方现代化进程中的道路选择和农村劳动力转移与后发国家遭遇的不同际遇的比较中，提出了后发国家农村劳动力转移存在诸多的困境，这些困境决定了后发国家应该在借鉴西方经验的基础上，探索农村劳动力转移的新路径。

在第二部分主要论述了后发国家采取的促进农村劳动力就业转移政策和战略，运用规范性研究和解释性研究相结合的研究方法，对后发国家的具体政策和措施进行了综合的分析，一是壮大非农经济部门，增强农村劳动力就业的载体，并从微观的角度透视后发国家的政府在农村劳动力就业中政府的服务功能及具体制度和政策安排；二是在农村地区导入工业，促进农村劳动力转移；三是论述了几个典型国家如马来西亚、印度尼西亚等国家，政府采取异地安置拓土垦新，转移农村劳动力，实现农村劳动力在地域之间的均衡发展，打破非均衡状态。四是本部分以个案研究的方法对印度政府30年来对促进农村劳动力转移就业所采取的政策和措施并进行了微观观察。

第三部分主要论述了后发国家政府如何在城市中为农村流动劳动力提供就业机会，主要分析两个方面的政策和措施，一是发展城市中小企业，壮大城市对农村劳动力的吸纳能力，二是发展和保护城市非正规经济，使农村流动劳动力具备维持生计的基本手段，并对一些典型的国家在加强农村劳动力在非正规部门就业的保护措施进行了分析和评估。指出目前存在的问题和努力的方向。

　　第四部分是对中国劳动力转移就业的历史考察和现实分析，中国政府的农村、农业政策根据中国工业化道路的不同时期，做了不同的调整，以满足中国的快速工业化发展路径。但是从历史的角度来看，我们的农业政策、农村政策，为了实现赶超策略和社会主义工业化的快速积累，我们国家采取了择定扭曲的发展策略，牺牲农业和农村以支持城市发展和工业化所需资源的快速积累。但是由于长期的制度分割和福利分割导致的身份分割，以及工业化积累抽走的过多农业剩余，造成农村绝对贫困，当制度分割的刚性开始释放的时候，农村剩余劳动力开始了向城市转移就业的洪流。在此过程中，中央政府和地方政府采取了多种政策实践，解决农村劳动力转移就业和城市化的各种尝试，但是直到今天农村劳动力身份转换和社会福利仍然没有得到妥善的解决。

目 录
CONTENTS

| 第一章 |

导论

一、问题的提出及研究意义

（一）问题的提出

农村劳动力转移是任何一个国家在工业化早期及从传统的农业社会向现代工业社会转型时期都不得不面对的问题。正如吴敬琏曾指出：农村存在大量剩余劳动力，在各国发展早期是一种带有普遍性的现象。各国之间的区别只在于，有的国家这种剩余劳动力向城市工商等非农产业的转移进行得比较快和比较好，有的国家进行得比较慢和比较差，因而前者较早地实现了工业化和城市化，后者则长期为"三农"问题所困扰。所以，实现大量剩余劳动力向非农产业的转移，是各国解决"三农"问题，顺利实现工业化和城市化的中心环节。[①] 20 世纪 80 年代以来，随着我国改革开放的日益深入，农村户籍关系开始日益松动，出现了农村劳动力向城市转移的热潮，并形成每年一度的民工潮。农村劳动力向城市转移，为城市建设和发展做出了不可磨灭的贡献，同时也增加了农村的收入。但是农村劳动力的流动由于我国城市工业有限的吸纳能力以及农村流动劳动力造成的农村精英的流失导致农村的衰败，

---

① 吴敬琏．实现农村剩余劳动力转移是解决"三农"问题的中心环节．宏观经济研究，2002 (6)．

这样，农村劳动力向城市的流动不仅给城市也给农村的发展带来了不利的因素。农村劳动力如何实现转移，成为当下中国学界及政界共同关注的重大问题。针对这一问题，不同学科的学者（如人口学、社会学、经济学、政治学、地理学）从自己的专业领域出发，对这一现象进行学理分析，并提出相关的政策建议。为了寻求最佳的解决农村劳动力转移的路径，部分学者在关注国内的现实的同时，也把目光投向了国外，寻求解决农村劳动力转移问题的国际参照。正如马克思所说："工业较发达的国家向工业较不发达的国家所显示的，只是后者未来的景象"[①] 后发国家往往把早发国家的图景当成追求的目标，在寻求本土现代化道路的过程中，把西方早发国家的实践当成唯一的实现现代化的路径选择。在目前国内的学界，在研究农村劳动力转移和就业问题时，也存在着这样一种倾向，更多的是把目光聚焦在西方早发国家的农村劳动力转移的模式和经验上，如美国、英国和法国等国家的农村劳动力转移的模式和经验等，西方早发国家的经验固然有许多值得我们借鉴之处，但是西方早发国家所处的国际环境和历史际遇，使之在面临农村劳动力转移和农民市民化问题上并没有遭遇发展中国家所面临的历史难题和现实困境，这就使得早发国家的农村劳动力转移问题上所能提供的经验对后发国家的可资借鉴之处十分有限。而对于和中国国情有许多相似之处的发展中国家的农村劳动力转移问题，国内的研究却很少，目前还没有形成系统的研究体系和研究框架，因此笔者试图在这方面进行尝试，在参照早发国家的农村劳动力转移问题的经验的同时，把研究焦点锁定在后发国家，特别是与中国有着相似国情的国家，即那些同处在社会转型期向现代化迈进的，以二元经济结构为主的国家；同处在发展中国家的人口大国，如印度、巴西、马来西亚、印度尼西亚、韩国和日本等国家，同时也在一定程度上关照一些发展中的处于社会转型期的迟发国家，寻求他们在实现农村劳动力转移问题上的微观经验。这些国家在面对农村劳动力转移问题时，政府采取了哪些方式来协调和组织农村劳动力转移？政府发挥了哪些作用？提供了哪些服务？做出了哪些回应？结果如何？哪些值得我们借鉴？哪些问题还没有很好地解决？吸取他们在农村劳动力转移问题上的经验与教训，为中国的农村劳动力转移问题的妥善解

---

① 马克思恩格斯选集（第二卷）. 人民出版社，1972：206.

决提供借鉴的路径。

（二）研究意义

著名的人类学家弗朗兹·博尼斯说过："人类的历史证明，一个社会文化集团，其文化的进步往往取决于它是否有机会吸取临近社会集团的经验。一个社会集团所获得的种种发现可以传给其他社会集团；彼此之间的交流越多样化，相互学习的机会也就越多。大体上，文化最原始的部落也就是那些长期与世隔绝的部落，因为他们不能从临近的部落所取得的文化成就中获得好处。"① 由此可见，借鉴别国的发展经验的重要意义。借鉴别国的经验，无论是成功的经验还是失败的教训，对于一个国家的发展和制度建设少走弯路，尽量避免无谓的代价都是十分具有现实意义的。马克思说道："极为相似的事情，但在不同的历史环境中出现，就引起了完全不同的结果。如果把这些发展过程的每一种形式都分别加以研究，然后再把它们加以比较，我们就会很容易找到理解这种现象的钥匙。"② 本书立足在已有的研究基础上对现有研究成果加以突破，力求寻求开启发展中国家农村劳动力转移得以成功之门的钥匙，重点考察发展中国家农村劳动力转移的方式、政策以及农村劳动力转移过程中的政府的行为及政府在农村劳动力转移问题上所做的制度安排和政策供给，突出政府在农村劳动力转移问题上的服务功能，为中国当下的农村劳动力转移提供可资借鉴的经验，特别是本书主要考察和中国国情相似的同处在社会转型期和走向现代化道路的人口较多国家的农村劳动力转移过程中的政府的作用和战略，直接借鉴和吸取其成功与失败的经验教训，为农村劳动力转移的现实服务，不论在实践中还是在学理上都具有十分重要的意义。

二、国内外研究现状

关于农村劳动力转移这一问题，由于其在工业化、城市化和现代化中的

---

① 斯塔夫里阿诺斯. 全球通史——1500 年以前的世界. 上海社会科学院出版社，1988：57.
② 马克思. 马克思恩格斯全集（中文版）.

重要地位，在国内外的学者和研究者中引起了广泛的关注，在西方，发展经济学家为解决农村劳动力转移问题，站在发展经济学的视角下，提出了许多相关理论，在这些理论的指导下，发展中国家根据各国的具体国情，进行了许多尝试，进一步丰富了发展经济学理论。国内外的研究主要集中在以下几个方面。

（一）国外对于农村劳动力转移的理论研究

1. "推拉理论"

在人口学看来，农村劳动力转移是人口流动的一个重要组成部分，因此最先对农村流动劳动力进行研究的是人口学家。最早对人口流动理论进行分析的是英国的统计学家利文斯坦，他首先考察了人口流动的动机和原因。对于人口为什么要流动？什么因素导致人口的迁移或流动，对于这一问题的回答比较完整的是"推拉理论"[①]，这一学说成为在宏观上解释人口流动的重要理论。该理论认为：从运动学的观点来看，人口的流动是两种不同方向的力作用的结果，一种是促使人口流动的力量，既有利于人口流动的正面的积极因素；另一种则是阻碍人口流动的力量，即不利于人口流动的负面消极因素。在人口流出地存在一种起主导作用的推力，在流入地存在一种起主导作用的拉力，从而使流出地的人口不断流入。[②] 但是早期有关人口流动的推拉理论只是阐明了人口流动的一般规律。

20 世纪 50 年代以来，随着发展中国家不断走向政治独立和经济发展道路，如何实现发展中国家的工业化，实现农村劳动力的转移，完成发展中国家的现代化历程，发展经济学家提出了自己的理论预设。这其中比较著名的一是美国黑人经济学家阿瑟·刘易斯提出的二元经济模型，二是 M. P. 托达罗的人口流动理论。

---

① 关于"推拉理论"最早的阐述是英国统计学家 E. G. 利文斯坦，1899 年他出版了《人口迁移规律》一书，在书中指出：受歧视、受压迫、沉重的负担、气候不佳、生活条件不合适等都是造成人口流动的主要原因，该观点被认为是人口流动的推拉理论的理论渊源。而推拉理论的完整论述是 20世纪 50 年代的唐纳德·伯格。

② 参见钟水映. 人口流动与经济发展. 武汉大学出版社，2000：17.

2. 刘易斯的二元经济理论①

根据阿瑟·刘易斯的二元经济理论，在发展中国家普遍存在着一个二元经济结构，它是发展中国家由单一的不发达的传统部门（主要是传统农业部门）向发达的、现代的、使用再生产性资本的部门（主要是制造业、采掘业部门）转化过程中的一种特殊经济结构现象。在通常情况下，不发达的、传统部门主要分布在农村地区，并以农业为主；而那些现代化的工业部门主要分布在城市区域。所以发展中国家农村劳动力在向现代工业部门转移时，在形式上表现为从农村向城市的转移。发展中国家与发达国家相比较而言，其最显著的特点就是贫困。根据刘易斯的解释，发展中国家的贫困导源于农村部门存在着大量的剩余劳动力，减少这部分人口后，农业总产量不会因此而减少，即使在其他生产要素不变的情况下，也是如此。② 由于农村中剩余劳动者的存在，降低了整个农村部门的劳动生产率及收入水平，因此，为提高农村的生产力水平及收入水平，必须把处在劳动生产边际报酬率之下的剩余人口转移到其他部门中去，即转移到工业部门中去，将农村人口转化为城市人口。这种转化的中心是实现工业化，而转化的表现形式及落脚点是实现人口的城市化转移。从这个意义上讲，农村劳动力由传统部门向工业部门的转移也就是农村劳动力向城市的转移。它包含着两个过程，一是产业间的转移，二是空间地域的转移。由于发展中国家的现代工业部门大多集中在城市地区，因此发展中国家的农村人口由传统部门向工业部门的转移在形式上就表现为农村人口向城市的迁移。

刘易斯理论在阐述农村劳动力转移时，在西方早发国家的实践中得到了很好的验证，但是把它用于指导发展中国家的农村劳动力转移问题，却没有奏效，在 20 世纪 50 ～ 70 年代，凡是在该理论的指导下进行农村劳动力转移实践的国家，大多出现了城市人口膨胀、农村凋敝、城市拥挤、贫民窟蔓延等一系列的"城市病"。这是因为该理论针对发展中国家国情，存在着重大缺陷：①该理论假定农村存在剩余劳动力，城市不存在失业，这一假定完全不符合发展中国家的现实。发展中国家由于社会结构的转型和调整，在城市

① ［美］阿瑟·刘易斯. 无限劳动供给下的经济发展. 二元经济论，北京经济学院出版社，1989.

② 苏布拉塔·贾塔克. 发展经济学. 商务印书馆，1989：65.

现代工业部门中同样存在着大量的公开失业和隐性失业现象。②该理论只是单向度地强调现代工业部门的扩张对农村劳动力的影响，忽视了农业部门发展和科技进步的作用。在此基础上，为了完善和补充刘易斯两部门经济理论的缺陷，在20世纪60年代美国著名发展经济学家拉尼斯和费景汉在刘易斯模型的基础上又提出了拉尼斯—费景汉模型。①"费—拉"模型在刘易斯模型基础上，主要论述了二元结构下，剩余农产品是推动就业重心由农业部门向工业部门转移的物质基础。概括出三个理论要点：①强调农业对于经济发展的双重贡献：一是提供工业扩张所需要的劳动力，二是提供工业扩张所需要的农业剩余。农业与工业同等重要，农业与工业必须平衡增长。②分析了人口的增长与经济增长的关系，说明过高的人口增长对经济发展的阻碍作用。③强调技术进步推进农业劳动生产率提高对整个经济发展的重要影响。上述三个方面"费—拉"模型正是对刘易斯模式的完善与发展。实质上，"费—拉"模型阐述了一条重要规律——农业劳动生产率与农业劳动力转移相关增长规律，即在结构转换过程中，农业劳动力的转移受到农业劳动生产率的制约。

3. 托达罗人口流动理论②

托达罗的人口流动理论是对刘易斯的两部门理论的重大修正。在刘易斯的模型中，劳动者从农村迁入城市的唯一原因是城乡收入差距，只要城市的工资水平高于农业部门，农民就愿意迁移到城市谋求新的职业。这个观点其实包含了这样一种假定：城市中不存在失业，任何一个愿意迁移到城市的劳动者，都可以在城市现代工业部门找到工作。当然短期失业是有可能存在的，但这会降低工资水平，从而减慢人口流入城市的规模和速度，使得城市劳动力的供给和需求相适应，从而达到充分就业的均衡状态。但是20世纪六七十年代，发展中国家的失业问题越来越严重。凡是在刘易斯的二元经济理论指导下的国家，由于农村劳动力的转移，导致了交通拥挤、城市人口膨胀、城

---

① [美]费景汉，古斯塔夫·拉尼斯. 劳力剩余经济的发展. 华夏出版社，1989：1－60. 经济发展理论. 美国经济评论，1961（9）：536－566.

② [美]托达罗. 欠发达国家的劳动力迁移与城市就业模型. 美国经济评论，1969（3）：138－148；Michael P. Todaro. *A Model of Labor Migration and Urban Unemployment in Less Developed Countries. American Economic Review*：138－148. 人口流动、失业和发展：两部门分析. 美国经济评论，1970（3）：126；经济发展与第三世界. 中国经济出版社，1992：210.

市失业与就业不足、基础设施供应和服务紧张、贫民窟不断扩张等一系列社会问题。与此同时，人口从农村流入城市的速度并没有减慢，反而呈现出有增无减的趋势。这一事实使得建立在充分就业假定上的人口流动模型丧失了它的有效性，以至于刘易斯本人发出这样的抱怨："在不发达国家我们对待失业者比 50 年前或 100 年前更加慈善，这些城市给失业者提供更多的救济。另一部分原因是，城市的发展提供了更好的临时就业的机会，于是城市中就供养了一批一周工作一天或两天，而其他时间掏你腰包的人。"① 刘易斯把发展中国家城市中出现的大量失业现象的原因归因于发展中国家政府的过于仁慈，这说明刘易斯本人也对其理论预设产生了困惑。托达罗正是在这种背景下提出了他的人口流动理论，他的理论与建立在充分就业假定上的刘易斯模型形成鲜明对照。托达罗认为：①促进农民向城市流动的决策，是预期的城乡工资差异，它取决于两个因素：一是工资水平，二是就业概率。②农村劳动力在城市获得工作机会的概率与城市失业率成反比。③人口流动率超过城市工作机会的增长率，不仅是可能的，而且是合理的。在城乡预期工资差异很大的条件下，即使城市存在着很高的失业率，农民还是有可能向城市迁移。由此，可以归纳出托达罗理论的两个基本点：改变城市就业压力一个重要的途径就是阻止农村劳动力向城市转移；另一个途径就是要大力发展农业和农村经济。这是因为：仅仅依靠工业扩张不可能解决发展中国家的失业问题。在发展中国家，一方面资本积累必然伴随劳动生产率的提高，对劳动需求的增长就会低于工业产出的增长；另一方面，现代工业部门创造的就业机会越多，就业概率越大，从而将会吸引越来越多的农村人口流入城市。根据托达罗的估计，每在城市工业部门创造一个新岗位，就有可能吸引 2~3 个农民迁入城市，这就出现一种经济增长的悖论，城市现代工业部门扩张越快，就业机会创造得越多，失业人口就越多。为避免这一悖论的发生，托达罗认为，大力发展农村经济才是解决城市失业问题的根本出路。托达罗建议，政府应当把更多的资金用于改善农业的生产条件和农村生活环境，在农业内部消化农村劳动力。

国外还有一些学者对发展中国家的农村劳动力转移和流动进行研究的出发

---

① ［美］阿瑟·刘易斯. 不发达地区的就业政策. 刘易斯编著二元经济论. 北京经济学院出版社，1989：77.

点是从农村劳动力转移的动机和流出地的生存状况作为逻辑起点进行研究。①

除了以上发展经济学家的理论探索之外，在国外人口学家也从自己的视角对发展中国家人口流动问题进行了探索和研究，其中涉及农村劳动力转移的相关资料，主要是从城市化与工业化的角度来进行论述和研究人口流动，涉及的国家主要有印度、日本等国家的农村人口流动问题。② 对发展中国家的农村劳动力的流动问题进行详细研究的是由葛德施奈德（Calvin Goldscheider）编写的《发展中国家的农村人口流动》③，该书主要是对韩国、斯里兰卡、和马里的农村人口流动情况进行了比较研究。该著作对韩国在 20 世纪 60~70 年代前后的农村人口流动情况进行了详细的分析和评价，特别是新村运动对韩国的城乡人口流动带来的影响进行了详细的数据统计，为笔者对韩国的城乡人口流动情况的掌握提供了丰富的素材。笔者见到的另外一本专著《发展中大国的城市化——中国、印度尼西亚、巴西和印度》，从城市化的角度对发展中大国的农村人口流动进行了研究，从国家的战略政策等角度对城市化对这些国家产生的冲击和影响进行了论述。④ 特别是对发展中大国城市中非正规就业对农村劳动力的吸纳作用这一方面，给笔者提供了丰富的素材。给笔者以极大启发的是陈玛莎（Martha Chen）等人主编的 *Mainstreaming Informal Employment and Gender in Poverty Reduction：A Handbook for Policy-makers and Other Stakeholders*，该书在实证调查的基础上，详细地介绍了各主要国家（如南亚的印度、巴基斯坦孟加拉国等，拉丁美洲的巴西、智利、阿根廷以及撒哈拉以南非洲的国家）的非正规就业的情况，并对各国针对非正规就业的政策进行了详细的介绍和说明，使笔者受益匪浅。除了国外的一些相关著作外，研究发展中国家农村劳动力转移与就业问题的更多关注者是国际劳工组织、世界银行以及联合国的世界发展报告，因此笔者在写作的过程中，查阅了

① Richard E. Bilsborrow. *The Impact of origin Community Characteristics on Rural-urban out-Migration in a Developing Countries. Demography*，1987，2（24）：191 – 210.

② Ronald Skeldon. *Population Mobility in Developing countries：A Reinterpretation*，Belhaven Press，London，1990：106 – 108，110 – 115.

③ Calvin Goldscheider. *Rural Population in Developing Nations：Comparative Studies of Korea. Sri Lakeland Mali*，Westview，London，1984.

④ Gavin W. Jones and Pravin Visaria. *Urbanization in Large developing Countries：China Indonesia Brazil and India*. Clarendon press，Oxford，1997.

大量的相关国际组织的报告和调研资料。① 还有就是相关国际组织的网站资源，如国际劳工组织、联合国开发署、世界银行以及各相关国家的官方网站资源等。

（二）国内研究现状

国内学者对农村劳动力转移的研究文献是比较丰富的，其研究成果主要体现在以下几个方面。

1. 对农村流动劳动力的流动动机进行考察

西方的学者在研究农村劳动力转移动机这一问题时，往往从微观的或实证的角度来进行研究，他们的研究认为农村劳动力的转移的动机通常是个人决定做出选择的结果。农村劳动力之所以选择离开农村是因为追求个人利益最大化和成本最小化。与此不同，中国的学者在对中国农村劳动力转移的动机加以研究后发现，中国的农村劳动力转移的动机与西方学者的研究的结论并不一致。首先，农村劳动力在选择是否离乡这一问题时，并不仅仅是自己的选择，而是整个家庭共同决定的结果；② 其次，中国的农村劳动力走出乡村的目的主要是为了可以获得更多的收入；③ 再次，根据人力资本理论，离乡是一种人力资本的投资，这种期望与劳动力的许多条件相关，如劳动力的年龄、性别以及受教育的程度等。④ 除此之外，还有研究者认为农村劳动力走出乡村完全是盲目的流动。在黄平看来，中国的农村劳动力转移完全是为了生存的需要；文军以理性选择的视角对农村劳动力转移的动机加以分

① 1）United Nations. *World Population prospects*，New York，2003. 2）World Bank：*Globalization, Growth and Poverty：Building an Inclusive World Economy*，2002. 3）ILO：*Women and Men in the Informal Economy：A Statistical Picture*，Geneva：2002. 4）ILO：*Supporting Workers in the Informal Economy：A Policy Framework*. 2002，Genava. 5）ILO：*Social Protection For Informal Workers：Insecurity, Instruments and Institutional Mechanism*，Geneva，2003. 6）World Bank work papers，Linsu Kim，Jeffrey B. Nugent：*the Republic of Korea's Small and Medium-size Enterprises and Their Support Systems*.

② 杜鹰，白南生. 走出乡村：中国农村劳动力流动实证研究. 经济科学出版社，1997：34. 柴芳. 中国流动人口问题. 河南人民出版社，2000：47－56.

③ 杜鹰，白南生. 走出乡村：中国农村劳动力流动实证研究. 经济科学出版社，1997：40. 黄平主编，寻求生存：当代中国农村外出人口的社会学分析. 云南人民出版社，1997：79.

④ 杜鹰，白南生. 走出乡村：中国农村劳动力流动实证研究. 经济科学出版社，1997：52－56. 柴芳，中国流动人口问题. 河南人民出版社，2000：145－149.

析①。这些学者的研究是站在本土的视角下，对当下中国农村劳动力流动的动机的考察，他们并不涉及发展中国家的农村劳动力流动问题，是一种对本土研究的关照。② 在国内还有一些学者把目光投向国际农村劳动力转移问题的研究，如王章辉与黄柯柯主编的《欧美农村劳动力的转移与城市化》③，该书从历史的角度对早发国家英国、美国、德国、法国四个国家农村劳动力转移的历史演进作了详细的分析，并对农村劳动力流动在城市化过程中造成的一些问题进行剖析，对政府解决这些社会问题的具体政策进行了研究和评价。除此之外，还有一些研究文献散见在各学术研究期刊，但主要是以英美国家以及日本、中国的台湾地区居多。对于早发国家的研究资料在国内十分丰富，但是对于发展中国家，特别是发展中国家的研究资料较少，而对于一些发展中的小国的研究资料基本上是空白。

2. 对农村流动劳动力转移的模式考察

国内的学者除了对劳动力流动的动机进行考察外，在发展经济学理论的导引下，学者们又探讨了国内农村劳动力流动的主要模式。大致概括起来主要有十个模式。

（1）内外部转移模式。此模式有两种途径，一是调整农业结构，实行农业内部转移。二是大力发展与农业有关的乡镇企业，促使农村剩余劳动力向非农产业转移。④

（2）就地转移模式。该模式认为我国应采取扶植小城镇的发展、扶植乡镇企业的发展等方针，即"离土不离乡，进厂不进城"，就地发展小城镇，就地消化农村剩余劳动力。⑤

---

① 文军. 从生存理性到社会理性选择：当代中国农民外出就业动因分析. 社会学研究，2001（6）.

② 蔡昉和都阳等人所著《劳动力流动的政治经济学》一书中，在进行比较研究时对发展中国家的农村劳动力流动情况有所涉及。

③ 王章辉，黄柯柯. 欧美农村劳动力转移与城市化. 社会科学文献出版社，1998.

④ 参见韩俊. 我国农业劳动力转移的阶段性及其特点. 人口研究，1990（5）32－37；康就升. 亦工亦农人口与农业劳动力转移. 西北人口，1984（3）40－46；邓一鸣. 中国农业剩余劳动力的利用与转移. 中国农村读物出版社，1991：188－191.

⑤ 参见陈冰. 农业剩余劳动力的转移趋势问题. 人口研究，1989（2）：28－30；董晖. 我国农业劳动力转移模式与城镇化道路. 人口学刊，1989（6）：8－13；吴玉林，李玉江. 农村劳动力供需矛盾及其转移形式研究. 中国人口科学，1996：39－43. 韩保江. 乡镇企业吸纳劳动力边际递减与剩余劳动力反梯度转移. 经济研究，1995（2）.

（3）城市化模式。该模式认为在大力发展乡镇企业的基础上，应积极发展小城镇、小城市，促进城市化，以吸收农村剩余劳动力。[①]

（4）中间技术发展模式。该模式认为乡镇企业吸纳农村剩余劳动力的多寡取决于乡镇企业选择何种技术，而介于本地技术与发达国家技术之间的中间技术将成为乡镇企业持续发展、吸纳更多农村剩余劳动力的最佳选择。[②]

（5）劳务输出模式。该模式认为，劳务输出以"立足本地，面向全国，走向世界"为总目标，对解决农村剩余劳动力大有可为。[③]

（6）农田集中经营模式。该模式认为，土地逐渐地集中到农田经营者手中，既有助于加快农业现代化步伐，大幅度提高农业边际生产力，又会形成外推机制，促使农村剩余劳动力彻底脱离土地，向非农产业转移。[④]

（7）深分工模式。该模式认为，从我国实际出发，遵循社会主义市场经济规律，建立健全深分工的市场机制，围绕深分工的需要及时搞好配套体系建设，使每个农村剩余劳动力充分地发挥个性。以实现农村剩余劳动力的转移。[⑤]

（8）区域经济持续发展模式。该模式认为伴随经济全球化、经济区域化趋势不断加强。因而区域经济的持续发展，既是推动中国经济振兴发展的根本对策，也是解决农村剩余劳动力的根本途径。[⑥]

（9）复合转移模式。该模式认为绝对强调某一转移模式都是片面的，必须通过发展多种经营、大办乡镇企业、组织劳务输出、向大中城市及小城镇转移等综合措施，全方位推动农村剩余劳动力的转移。[⑦]

（10）私营经济模式。该模式认为农村剩余劳动力的出现，为私营经济

① 参见陈冰. 农业剩余劳动力的转移趋缓问题. 人口研究，1989（2）：28 - 30；董晖. 我国农业劳动力转移模式与城镇化道路. 人口学刊，1989：8 - 13；杨小苏. 关于农业劳动力转移问题的探讨. 人口研究，1990（6）：26 - 30.

② 韩俊. 跨世纪的难题——中国农业劳动力转移. 太原：山西经济出版社，1994：1 - 26.

③ 邓长发. 浅谈农村剩余劳动力的转移. 西北人口，1988（2）：23 - 24. 陈冰. 农业剩余劳动力的转移趋缓问题. 人口研究，1989（2）：28 - 30.

④ 陈冰. 农业剩余劳动力的转移趋缓问题. 人口研究，1989（2）：28 - 30.

⑤ 石成林. 深分工：我国农业剩余劳动力转移的必由之路. 人口研究，1990（3）：32 - 35. 张曼苹. 以农村人口为基点调整农业产业结构. 中国人口科学，1992（6）：35 - 39.

⑥ 吕世平，丁虹. 区域经济持续发展与农村剩余劳动力转移. 中国人口科学，1997（4）：47 - 50.

⑦ 参见石成林. 深分工：我国农业剩余劳动力转移的必由之路. 人口研究，1990（3）：32 - 35；黄晨熹. 九十年代中国农村劳动力转移的特征、作用与趋势. 人口研究，1998（2）：8 - 13.

大发展创造了条件，而私营经济的日益发展，反过来为积极吸收农村剩余劳动力增加了更多的机会。因此，可以通过大力发展私营经济促进农村剩余劳动力的转移。①

概括归纳以上的十个模式，笔者认为实际上可以主要分为三种模式：第一是内生性模式，即发展村镇，使之走向城市化，拉动农业劳动力向工业化转移，将农村城市化和劳动力产业转移相结合。第二是外生性模式，即按照发展经济学的理论指导，将农村劳动力吸引到现有的城市中，不断扩大城市规模和吸纳劳动力的能力，进而实现农村劳动力的城市转移。第三是复合性模式，即发展乡村，使之走向城市化与农村劳动力向现有城市转移两者相结合。这几种模式在发展中国家的农村劳动力转移中都有体现。

（三）目前国内研究中存在的不足之处

综上所述，目前国内学术界对于农村劳动力转移的着力点主要是农村劳动力转移的模式的问题的探讨，不论是聚焦国内的实践还是国外的经验借鉴，都是把研究重点放在农村劳动力的转移模式及转移动机上。但是对于农村劳动力实现转移后所带来的社会问题以及应对的政策研究较少，也就是说解释性研究较多，但对策性研究上存在不足，特别是政府在农村劳动力转移中的作用，也就是政府的公共服务功能在农村劳动力转移中应该怎样发挥其应有的作用，在这方面的研究一直不多，因此本书尝试在以上问题上进行突破。

三、基本概念的界定

（一）后发国家概念的界定

后发国家这一概念是一个相对意义的名。"'后发'从其发生学的本意上

---

① 参见吴育频. 论私营经济对农村剩余劳动力的吸收. 人口学刊，1992（5）：12 – 13；胡伟略. 向市场经济转变的劳动就业问题. 西北人口，1996（3）：18 – 32.

讲，是一个时间性的修饰词，意味着世界发展的不同步性和非均衡性。"① 从宏观上看，后发国家是相对于早期欧美特别是英国、美国、法国等早期现代化国家一个概念，这些国家较早完成了工业化和城市化，社会政策相对成熟，社会发展也进入一个稳定的阶段。所谓后发是指后起的发展经济的国家。后发国家是一个历史概念，在世界历史的不同时期，都存在着后发国家。本书所用后发国家是指第二次世界大战后走上独立发展道路的国家，他们的典型特征是收入水平相对欧美等发达国家收入水平比较低，收入和财富分配不平等，存在着二元的社会经济结构，这样的国家我们把它定义为后发国家。在本书的某些语境中，后发国家有时候等同于发展中国家，因为后发国家有时就是指亚非拉广大的第三世界发展中国家和地区。但是在后发国家情况也极不相同，这里既有发展较快的"亚洲四小龙"和南美的一些新兴工业国家，同时也包括发展速度较慢经济水平较落后的国家。

为了比较的需要，本书把日本也放到后发国家的范畴，之所以把日本放到后发国家的范畴理由如下：后发国家是指那些在二次世界大战以后走上独立发展道路，并以工业化和现代化为其主要发展目标的国家，在这一点上学界似乎没有争议，但是日本的情况比较特殊，尽管在第二次世界大战前，日本通过明治维新已经开始走上了近代化道路，开始向现代化国家迈进，但是由于第二次世界大战，日本成为战败国的这一事实使之走向现代化道路的进程中断，而日本真正的现代化起步应该是在第二次世界大战以后，而且它走上发达国家的道路是在第二次世界大战后的 20 世纪六七十年代。除此之外，日本的发展道路的特点也决定了其后发特色。与早发国家相比，早发国家的发展路径是以市场导向为主，是一种自下而上市场主导型的现代化道路，而日本却与战后其他后发国家有着极相似的特点，即其现代化的实现路径是在政府主导下的一种有组织的现代化途径。因此在某种意义上日本应该属于后发国家的范畴，只是日本是后发国家中比较成功的典型，使之走上了发达国家的道路，成功地实现了其赶超英美的发展战略。

---

① 李春成. 论后发现代化国家的理性决策. 复旦学报（社会科学版），2001（2）.

（二）农村劳动力概念的界定

（1）农村劳动力是一个地域概念，是一个与城市劳动力相对应的概念，何谓城市，各个国家的区分标准是不同的，即使在同一个国家的不同时期，对于城市和乡村的定义也皆有不同指向。城市是一个与乡村相对应的概念，对于农村的定义各国均有不同，但是就普遍意义而言，国际上比较通行的有关农村的定义是，居住人口的数量在5 000以下的生活比较分散的地域，可以称之为农村。① 所以所谓农村劳动力是指那些生活在农村地区，居住比较分散的在农村从事生产和经营活动的劳动力。

（2）农业劳动力与农业剩余劳动力。

农业劳动力，顾名思义，是从事农业生产的劳动力。"凡是从事农业生产而不论是在农村还是在城市的劳动力，都属于农业劳动力。"② 农业剩余劳动力是指超过农业生产需求量的劳动力。费景汉和拉尼斯认为劳动力投入使边际生产率为零的劳动力就是剩余劳动力。

（3）农村剩余劳动力与农村劳动力。

农村剩余劳动力是指生活在农村从事生产活动，不论是在哪一个产业部门的其边际生产率等于零的劳动力，我们称之为农村剩余劳动力。本书所用的农村劳动力转移中的劳动力概念涵盖了所有类型的农村劳动力，也就是说是一个地域概念，它既包括在农村中第一产业中从事劳动的劳动力，也包括在农村中其他部门从事生产活动的劳动力，在本书中，笔者没有做剩余劳动力这一划分，而统称为农村劳动力转移的原因是，在许多发展中国家的农村劳动力有时并不时真正的存在剩余，而是由于城乡差距的不断拉大，城乡收入的巨大差别，在城市的强大拉力下，而使农村劳动力不断向城市流动。即使农村已经出现了农民荒，但是由于城市的公共服务设施以及其他城市文明的吸引，即使在城市里的收入不如在农村的收入水平高，农村劳动力也更加愿意选择向城市流动。这部分劳动力很难说区分是否剩余。

---

① http://econ.lse.ac.uk/courses/ec428/L/Lanjouw.pdf. Jean O. Lanjouw and Peter Lanjouw：*Rural Non-farm Employment：A Survey*. p. 6.

② 陈吉元. 中国农业劳动力转移. 人民出版社，1993：14.

（4）农村劳动力转移。

所谓转移，既可以是产业间的转移，也可以指空间地域的转移。但是本书所认为的农村劳动力转移主要是指在后发国家的农村劳动力的就业转移。也就是说如何使农村劳动力在政府这只"看得见的手"的宏观协调下，而能够实现劳动力的充分就业。因此本书所使用的农村劳动力转移既有产业间的转移也有空间转移的含义。

| 第二章 |
后发国家快速增长的人口与农村
劳动力转移的困境分析

一、发展经济学者的理论困惑

农村劳动力就业转移是伴随着工业化进程的一种社会伴生现象。根据美国发展经济学家阿瑟·刘易斯的二元经济理论，在发展中国家存在着一个二元经济结构，它是发展中国家由单一的不发达的传统部门向发达的、现代的、使用再生产性资本的部门转化过程中的一种特殊经济结构现象。在通常情况下，不发达的、传统部门主要分布在农村地区，并以农业为主；而那些现代化的工业部门主要分布在城市区域。所以发展中国家农村劳动力在向现代工业部门转移时，在形式上表现为从农村向城市的转移。发展中国家与发达国家相比较而言，其最显著的特点就是贫困。根据刘易斯的解释，发展中国家的贫困源于农村部门存在着大量的剩余劳动力，减少这部分人口后，农业总产量不会因此而减少，即使在其他生产要素不变的情况下，也是如此。① 由于这部分劳动者的存在，降低了整个农村部门的劳动生产率及收入水平。因此，为提高农村的生产力水平及收入水平，必须把处在劳动生产边际报酬率之下的剩余人口转移到其他部门中去，即转移到工业部门中去，将农村人口转化为城市人口。这种转化的中心是实现工业化，而转化的表现形式及落脚

---

① 苏布拉塔·贾塔克. 发展经济学. 商务印书馆，1989：65.

点是实现人口的城市化转移。从这个意义上讲，农村劳动力由传统部门向工业部门的转移也就是农村劳动力向城市的转移。它包含着两个过程：一是产业间的转移，二是空间地域的转移。由于发展中国家的现代工业部门大多集中在城市地区，因此发展中国家的农村人口由传统部门向工业部门的转移在形式上就表现为农村人口向城市的迁移。

刘易斯的两部门模型是以西方早发国家的农村劳动力向工业部门及城市转移的进程为研究起点，这一理论印证了西方发达国家通过城乡移民的方式解决了农村劳动力在产业间和地域间转移。通过回顾西方早发国家的历史，我们可以发现下面的事实。当由大机器推动的资本主义工业在城市建立起来以后，原来从事传统农耕的农民，就开始因各种不同的原因而进入了资本主义的生产车间，他们由佃农或者农业工人变成了城市产业工人。随着资本主义工业对劳动力需求的增加，城市工业通过为农业提供先进的生产工具、设备、技术以及其他生产要素，致使大量的自耕农在资本主义的大农场受到排挤，丧失了农地，或者因为农业中农业技术的变革引起的诱致性制度变迁，而成为在农业部门中的多余的劳动力。他们都在资本主义的大工业与大机器的拉力以及农村的推力的作用下被呼唤到了城市劳动力市场，进而被城市工业所吸收。这个过程伴随着资本主义工业对传统农业的武装与改进不断地反复动态地进行，直到农业剩余劳动力全部被资本主义工业从农村吸收到城市为止。由此可见，考察西方早发国家的工业化实践以及工业和农业之间的关系，刘易斯的二元经济模型具有一定的解释性。但是当把刘易斯两部门模型以及西方发达国家工业化的经验搬到发展中国家，用以指导发展中国家的工业化道路以及农业和工业的关系时，我们就会发现，刘易斯的漂亮模型以及西方早发国家的实践经验，在后发国家却并没有奏效。在 20 世纪六七十年代，发展中国家的失业问题越来越严重。凡是在刘易斯的二元经济理论指导下的国家，由于农村劳动力的转移，导致了交通拥挤，城市人口膨胀，城市失业与就业不足，基础设施供应和服务紧张，贫民窟不断扩张等一系列社会问题。与此同时，人口从农村流入城市的速度并没有减慢，反而呈现出有增无减的趋势。这一事实使得建立在充分就业假定上的人口流动模型丧失了它的有效性。以至于刘易斯本人发出这样的抱怨："在不发达国家我们对待失业者比 50 年前或 100 年前更加慈善，这些城市给失业者提供更多的救济。另一部分原因是，城市的发展提供了更好的临时就业的机会，于是城市中就供养了一批一周工作一天或两天，而其他时间掏你腰包的人。"① 刘易斯把发展中国家城市中出现的大量失业现象的原因归因于发展中国家政府的过于仁慈，这说明刘易斯本人也对其理论预设产生了困惑。为什么在西方早发国家的实践中得到验证的发展理论，为什么在后发国家却显得如此苍白无力了呢？如果说一个理论是科学的，那么它必然具有普适性，但是社会运动的规律毕竟不同于自然界的发展规律，也就是社会运动尽管有其普遍性规律，但是在普遍性的表象背后，社会运动往往表现出的是纷繁复杂的特殊性。而恰恰是这些特殊性，决定了发展中国家不可能完全照搬西方的发展路径，完成农村人口的市民化进程。到底是哪些特殊性决定了后发国家的农村劳动力转移不能完全照搬早发国家的模式呢？如果说某些因素是特殊的，那么他必须具有一定的参照系，我们把西方早发国家的历史与后发国家的现实进行一番比较，从中便会得出后发国家的特殊性决定了农村劳动劳动力转移必须走后发国家自己的独特道路，而不能完全照搬早发国家的经验。本部分内容我们主要来对这些特殊因素来加以考察。

二、快速增长的人口与农村劳动力转移的困境

人类从远古走来。在整个人类历史发展的长河中，人口的增长由于受到自然环境、经济社会条件等的制约，一直处于缓慢增长状态。但是，当人类迈入现代工业文明的门槛，人口总量随着经济总量的增加而出现了人口增长的浪潮，在19世纪中叶和20世纪中叶100多年的时间周期内，人类经历了两次有史以来最快的增长浪潮。第一次增长的浪潮发生在19世纪中叶的西方早发国家，第二次增长的浪潮发生在第二次世界大战后的发展中国家。两次增长的浪潮，其增长的机理及带来的影响有着明显的不同。我们首先就从两次人口增长的特点进入我们研究的主题，共同考察为什么"二战"以后人类经历了快速的人口增长？快速的人口增长带来哪些影响？为什么快速的人口

---

① ［美］阿瑟·刘易斯. 不发达地区的就业政策. 见刘易斯编著. 二元经济论. 北京经济学院出版社，1989：77.

增长成为农村劳动力转移"瓶颈"？如何才能打破这一"瓶颈"？

（一）后发国家的人口增长特点

第一，人口增长速度过快。每晚，当太阳落山时，世界上就又增加了25万人口。每一个形容程度的副词都可以找到其相反意义的对应词汇。我们说"二战"以后的人口增长速度快，必须为它寻找一个有可比性的参照物。我们的参照物就是人类历史上的增长比较快速的19世纪中叶，发生在早发国家的人口增长的事实，通过对两者的对比我们才可以得出人口增长快慢的结论，这是一个十分简单的逻辑。从对比结果来看，战后发展中国家人口增长的速度远远高于欧洲历史上的人口增长最快的19世纪。那时，欧洲各国人口平均年增长率大都在2%以下。英国人口增长最快的时期是1801～1831年，年增长率为1.4%，1815～1835年的挪威为1.4%，1864～1910年德国的增长率也为1.4%。而在战后至70年代的后发国家的人口年平均增长率大都在2%以上，有的甚至达3%以上。[①] 由此可见"二战"以后人口增长的速度之快。

表2-1　　　　**1950～1975年亚、非、拉丁美洲平均年人口增长率**　　　单位：%

地区	1950～1955	1955～1960	1960～1965	1965～1970	1970～1975
非洲	2.1	2.3	2.3	2.6	3.1
拉丁美洲	2.8	2.7	2.9	2.8	2.7
亚洲	1.9	2.0	2.2	2.3	1.9
总计	2.0	2.1	2.3	2.4	2.1

资料来源：转引自王渊明. 历史视野中的人口与现代化. 浙江人民出版社，1995：291.

第二，从人口增长的原因上看，"二战"以后人口增长以外生型增长为主。人口的增长受到多种因素的制约，从历史的角度来看，早发国家人口增长的加快，是以新创建的工业部门的生产率的显著增长而导致的就业和收入的增长为基础的，也就是说早发国家人口增长的加速基本上是经济增长加速所诱发的内生现象，与之相比较，当今发展中国家的人口增长从性质上看主

---

① 王渊明. 历史视野中的人口与现代化. 浙江人民出版社，1995：290.

要是外生现象而发展中国家人口增长的加速在很大程度上是引进发达国家的卫生和医疗技术的结果，也就是说发展中国家的人口的增长不是由于收入和生活水平提高带来的，而是公共卫生和医疗技术改进带来的。[①]

第三，人口生育率转变明显滞后。人口的转变由于受到出生率和死亡率、人口基数率以及社会文化因素等影响，这些因素的不同组合将会产生不同的人口转变及增长特点。西方学者根据早发国家人口变迁的规律和特点，总结出人口增长和变迁的发展规律，即人口过渡理论。人口过渡理论（demographic transition）也叫人口转变理论，它描述的是人类人口再生产类型从传统模式向现代模式转变的演变趋势，反映了随着社会经济现代化进程的推进，人口再生产由低级向高级发展的过程以及人口再生产与社会经济发展的内在联系。该理论最初是对欧洲人口再生产动态特征的总结性描述，由 W. 汤姆（Thompson）最先提出，后经 A. 兰德里（Landry）、F. 诺特斯坦（Notestein）、P. 布莱克尔（Blacker）、K. 戴维斯（Davis）等众多学者发展和完善，形成了在宏观人口经济学中占有重要地位的"人口过渡理论"。[②] 根据人口过渡理论，世界范围的人口再生产的演变历史可以划分为三个阶段：①HHL 阶段，即高出生率、高死亡率和低增长率；②HLH 阶段，即高出生率低死亡率和高增长率阶段；③LLL 阶段，即低出生率、低死亡率和低增长率阶段。[③] 人口过渡理论是对早发国家的人口变迁规律的总结，它的普适性到底有多大的可靠性，在这里我们不去探讨。但是，从历史上看，西欧的人口的确是经历了这样的一个过渡阶段。在 19 世纪初之前，西欧人口的出生率高达 35‰，但死亡率也在 30‰左右的水平上，结果人口增长率差不多是 5‰，年平均增长率不到 1%的一半。第二个阶段，西欧开始出现人口过渡，最初大约是在 19 世纪的第一个 25 年里，由于经济条件的改善，现代医疗和公共卫生保健技术的进步，疾病和死亡得到逐步控制，结果死亡率下降。直到 19 世纪后期，出生率的下降才真正开始，大规模的人口下降则是在 20 世纪，即现代经

---

① 速水佑次郎. 发展经济学——从贫困到富裕. 李周译，蔡昉，张车伟校. 社会科学文献出版社，2003：54.
② 刘传江. 西方人口转变的描述与解释. 国外财经，2000（1）：12.
③ 刘传江. 西方人口转变的描述与解释. 国外财经，2000（1）：13.

济增长已经过去几十年和死亡率开始下降很久之后才出现的。[①] 西欧早发国家的人口转变阶段性特征与其经济和社会进步水平基本相一致，当其人口处于高出生率低死亡率高增长率的人口转变阶段时，正是西欧早发国家渐次走上现代化发展道路，其现代工业部门的张力，基本上能够吸纳日益增长的经济活动人口。除此之外，西方早发国家在历史机遇上也占尽了发展的先机，当其人口处于高出生率、低死亡率的人口转变时期时，海外移民也帮了这些国家的大忙，从而缓和这些国家人口与就业的紧张关系。尽管在 1825 年英国发生了现代工业发展史上的第一次经济危机，但从人口转变与现代经济发展的关系上来看，基本上是协调一致的。从时间序列上来看西欧早发国家的人口转变的基本特点是历时长、死亡率和生育率下降速度慢，与人类现代化进程表现出程度较高的一致性，并且，人口转变的年龄结构效应是渐进的。[②]

用人口转变理论来考察后发国家的人口过渡趋势，我们可以看出，后发国家的人口生育率转变表现出明显的滞后性，表 2-2 可以清楚地说明这一特点。

表 2-2　　　　后发国家和地区出生率、死亡率和增长率的变化

后发国家和地区（不含中国）			
年份	出生率‰	死亡率‰	增长率%
1950～1955	45.1	23.4	2.12
1955～1960	45.0	20.9	2.42
1960～1965	43.7	18.8	2.47
1965～1970	41.8	16.8	2.47
1970～1975	39.7	15.0	2.42
1975～1980	37.4	13.4	2.34
1980～1985	36.0	12.1	2.35
1985～1990	34.0	10.9	2.24
1990～1995	31.4	10.1	2.06
1995～2000	28.9	9.6	1.86

资料来源：UN：World Population prospects，New York，2003.

---

① ［美］麦克尔·P.托达罗. 经济发展与第三世界. 印金强，赵荣美译. 中国经济出版社，1992：180.

② 李建民. 人口转变论的古典问题和新古典问题. 中国人口科学，2001（4）.

　　根据以上的图表所显示的数据与早发国家的人口转变时期的人口发展情况做一个比较，根据把上表中所列时期的人口增长率和死亡率加总，取其平均数来分析，我们会观察到如下的结果（见表2－3）。

表2－3　　　　　　　　人口转变时期的人口增长率的东西方比较

国家分类	出生率	死亡率	增长率
早发国家	35‰	30‰	0.5%
后发国家	38.3‰	15.1‰	2.53%

资料来源：作者根据以上文字和图表文献自己整理。

　　从表中我们可以看出，后发国家的人口出生率比19世纪前期西方国家的人口出生率高大约3‰，欧洲国家的人口转变时期的出生率是大约在35‰。早发国家的人口死亡率30‰，而后发国家的人口死亡率平均值为15.1‰，比早发国家的死亡率低一半。早发国家的人口增长率为0.5%，而后发国家的人口增长率为2.53%，这一数字意味着后发国家的人口增长速度是早发国家的5倍。这样必然造成发展中国家人口的过快增长。在欧洲，控制死亡的知识是缓慢地发展着，因此，人口是逐渐地增加。而后发国家可以直接利用早发国家和自己所积累起来的知识，因此，死亡率的下降比西欧早发国家曾经历过的要迅速得多。人们对于健康长寿的追求是应该得到鼓励的，这一点无可厚非。例如在毛里求斯，死亡率从27‰降到15‰只花了7年的时间，而英格兰和威尔士却为此花了100年的时间。[①]　与此同时，死亡率的下降并没有使出生率马上减缓下来，后发国家的人口转变过程中生育率的下降明显体现出滞后于死亡率下降的特点。这是因为后发国家可以利用后发优势使死亡率大大降低，但是后发优势却不可能直接影响人们的生育观念和生育行为的转变，从而使生育率大大下降使之与死亡率下降相一致。在面对社会变革时，政府可以出台相应的刚性制度来规范人们的行为，国家也可以通过立法来约束人们的行为，使之不越雷池。但是对于观念习俗这些软制度约束，有时政府的政策、制度国家的立法却显得无能为力，观念的改变是一个渐进的变迁和转变过程。对人口转变理论有着经典论述的人口学家诺特斯坦（Notestein）就曾指出，发展中国家"死亡率相对迅速的下降是对外部变迁的反应，因为

―――――――――
　　① ［意］卡洛·M·奇波拉. 世界人口经济史. 商务印书馆，1993.

人类总是渴望健康。然而，生育率的下降则有待于旧的社会经济制度的逐渐消失和有关家庭规模的新观念的逐步确立"。① 所以，相对于死亡率的迅速下降，生育率的转变显得迟缓滞后。可以说，"二战"结束以后发展中国家的人口变迁中，人口生育率的滞后变化是一种普遍现象，包括中国人口生育率转变在内。20世纪50年代以后，发展中国家的死亡率迅速下降（包括中国），而生育水平却迟迟不降，出生率一直保持在30‰～40‰的水平，直到20世纪末，出生率才降到30‰以下，才接近50年前的死亡率的水平。② 而这期间，出生率与死亡率的差值平均一直都保持在2%以上。正因为发展中国家人口生育率转变的滞后，出生率与死亡率差值如此之大，所以才导致了20世纪后半叶，世界人口规模（主要是发展中国家）前所未有的快速增长和急剧膨胀。直到今天一直是发展中国家引领着人口前进与增长的方向。据美国人口咨询局的预测，到2050年，世界人口排名前十位的国家中有9个是发展中国家，而亚洲地区占5个。排名前十位的国家共有人口51.83亿人，其中亚洲5个国家占到38.76亿人，相当于目前排名前十位的国家的人口总和还要多（见表2－4）。

表2－4 　　　　　　　　世界人口排名前十位的国家 　　　　　　　单位：百万人

2006 年		2050 年	
国家	人口数	国家	人口数
中国	1 311	印度	1 628
印度	1 122	中国	1 437
美国	299	美国	420
印度尼西亚	225	尼日利亚	299
巴西	187	巴基斯坦	295
巴基斯坦	166	印度尼西亚	285
孟加拉国	147	巴西	260
俄罗斯	142	孟加拉国	231
尼日利亚	135	刚果民主共和国	183
日本	128	埃塞俄比亚	145

资料来源：美国人口咨询局，2006年世界人口数据表。

---

① 安斯利·寇尔. 人口转变理论再思考——社会人口学的视野. 顾宝昌编. 商务印书馆，1992：93.

② UN：World Population prospects，New York，2003.

第四，时空维度上的压缩性。[①]

从时间维度上来看，后发国家的人口过渡呈现出明显的压缩性特点。早发国家的人口过渡都是嵌入在其工业化、现代化的进程之中，是内生的、渐进的自发过程，是不被人为有意识的干预过程。生育率和死亡率在一定程度上相适应的。与早发国家相比，由于后发国家在独立后，齐头并进跑步奔向现代化，因此其实现工业化的进程被大大缩短。用康纳（D. O. Conner）所说就是工业化和现代化在时间上被"压缩"，而与这种"压缩工业化"相对应的人口转变也就被深深地打上了"压缩"的痕迹，如人口死亡率转变的大大缩短和生育率转变的相对滞后。

从空间维度上看，发展中国家人口也呈现出一定的压缩性特征。由于人口转变导致的人口规模增长，而膨胀的人口规模被"压缩"在一定的地域空间上，由此导致本国土地资源的人口压力不断增大。这一点与西方传统的人口变迁完全不同。西方发达国家的人口转变是伴随着人口大规模的迁移和殖民扩张，大规模人口向海外迁移减轻了本土上由于人口转变导致人口快速增长所带来的人口压力，而殖民掠夺则增加和充实了本国的国力，为其应对人口的张力准备了充足的物质基础。从18世纪起，欧洲发达国家开始先后进入人口转变，在国内人口压力推动下，加之先进的军事力量，欧洲人开始大规模地向世界各地移民扩张（见表2-5）。

表2-5	欧洲移民海外的情况	单位：年平均人数
1846～1890年		377 000
1891～1920年		911 000
1921～1929年		366 000
1846～1930年总计		50 000 000

资料来源：[意]卡洛·M. 奇波拉. 世界人口经济史. 1993：89.

由以上的数据可以看出在1846～1930年，共有5 000多万欧洲人移居海

[①] 与传统的工业化国家相比，发展中国家的工业化显著缩短，这种缩短的工业化被联合国开发署经济环境专家康纳（D. O. Conner）称之为"压缩型工业化"（telescoping of industrialization）。康纳在东亚经济与环境问题的研究中，提出了"压缩型工业化"的概念，本书的概念由此借用。参见李建新、涂肇庆. 滞后与压缩：中国人口生育转变的特征. 人口研究，2005（3）.

外，其中大部分移民到了新大陆——美国。欧洲近代大规模的人口迁移，可以说是整个人类史上最大的移民运动。这种移民的结果使西方发达国家历史上由人口转变而产生的人口数量的土地资源压力得到了彻底的缓解，因此西方早发国家的人口转变是与经济和社会文化相适应的一种平衡的具有对外张力的人口过渡，而发展中国家却远没有那么幸运。当20世纪40年代末发展中国家包括中国开始人口转变的时候，如同西方18～19世纪人口转变时的外部环境优势已不复存在，世界上的每一个适合人类居住的角落都有了人类足迹，都被打上了人类活动的烙印，世界已被"瓜分"完毕。广大的发展中国家已经没有西方发达国家人口转变时的"天赐良机"，在空间分布上只能被压缩在同一块地域上。

（二）人口增长特点对后发国家的影响

人口的快速增长可以说在许多方面都给后发国家带来了影响，凡是与人口相关的问题在发展中国家目前都面临着困境，但是最大的影响还是就业，因为不论什么时候，生存总是第一需要。

1. 人口的快速增长使后发国家的就业机会面临着困境

发展中国家人口的社会特征在半个世纪以来，的确发生了很大的变化。首先，在空间分布上来看，发展中国家人口的社会特征发生了显著的变化，在1950年，发展中国家83%的人口居住在农村，近81%的劳动力以农业为生。1975年，75%的发展中国家的人口仍然居住在农村地区，到20世纪末期，在发展中国家40%的人口居住在城市中。[①] 但是人口的大多数还是居住在农村地区，也就是说农村人口占据了全部人口的极大值。其次，在人口年龄结构上来看，年轻化与老龄化特征同时并存，年轻化意味着需要更多的就业机会，老龄化则意味着社会保障负担的加重。在1980年，有1/3的经济活动人口（economically active population）是24岁以下的年轻人，差不多将近一半是30岁以下的年轻人。劳动力在后发国家每一个地区都在迅速增长，国际劳工组织曾做出估计（1986年）在20世纪80年代的后半期，发展中国家

---

① Dennis Rondinelli and Ronald W. Johnson: *Third World Urbanization and American Foreign Aid Policy Development Assistance in The* 1990s, Policy Studies Review, Winter 1990 Vol. 9, No2, p.247.

的劳动力以每年2%的速度增长（事实证明国际劳工组织的估计是正确的），在21世纪发展中国家的劳动力将是发达国家的3倍多。在1980年发展中国家的劳动力是14亿人，到2000年发展中国家的劳动力将达到21亿人，到2025年，将增加到30亿人。[1] 如何解决日益增长的劳动力人口的就业问题是发展中国家特别是发展中人口大国所面临的严峻挑战。

2. 人口的快速增长，使发展中国家的人口问题处于"挤压"的状态

纵观西方人口转变的历史，不同人口问题的出现和发生是在不同的历史时期，问题的解决也是伴随着现代化的进程而渐次加以解决的。实际上，在西方国家逐步实现工业化的过程中，社会文化变迁是与经济变化平衡地发生的，人们对待生育观念的转变在受到一定的经济与社会文化变迁的影响下，也是一个渐进的演变过程。但是在许多发展中国家，当人为地加快工业化的速度时，传统的社会文化环境对于这种变迁的抵制程度可能比经济结构对于这种变化的抵制程度要大得多。这使得发展中国家社会文化的变迁与经济的增长的速度比较起来明显地体现出滞后的特点。反映在人们对待生育的观念上还更多地保留了传统社会的特点，如"多子多福、养儿防老"等。目前发展中国家面临的许多挑战与困境都与人口问题有着直接和间接的联系。人口问题成为发展中国家走出发展的困境最大的制约"瓶颈"。其中与人口数量相关的人口问题有：人口数量控制、劳动力人口就业与失业、农村剩余劳动力、流动人口、人口规模与资源短缺（耕地、水等）、人口压力与环境破坏等。而在这些问题中最根本的就是劳动力的就业问题。而发展中国家大部分处于工业化的比较初级的阶段，传统社会与现代社会并存，人口大部分居住在农村地区，如何解决农村劳动力的就业问题以及怎样减缓农村人口的增加速度成为发展中国家必须面对的问题。

（三）破解人口迅速增长的"瓶颈"的困境

如何破解人口迅速增长的困境，首先我们必须了解孩子对父母所产生的效益，这是推动父母养育孩子从而带来人口增长的原动力。孩子对父母所产

---

① Dennis Rondinelli and Ronald W. Johnson：*Third World Urbanization and American Foreign Aid Policy Development Assistance in The* 1990s，Policy Studies Review，Winter 1990 Vol. 9，No2，p. 250.

生的收益概括起来可以分为以下 6 个方面。

（1）劳动—经济效益。即孩子成长为劳动力后，可为家庭提供劳务或从事一定的职业劳动，为家庭提供经济收入。

（2）养老—保险效益。主要是发展中国家社会养老保障事业不发达，孩子不得不充当家庭养老角色；"在贫穷的社会里，孩子则部分地被认为是有'预期收益'的经济投资品，这种'预期收益'表现为孩子的劳动和为父母年老后提供经济保障两种形式。"①

（3）消费—享乐效益。孩子作为"消费品"，具有满足父母感情和精神需要上的效益，能够带来"天伦之乐"。

（4）维系家庭地位的效益。继承家产，将家庭地位一代一代维持下去。

（5）承担家业兴衰的风险效益。孩子不仅一般地具有劳动的效益，而且孩子素质和劳动技能高低承担家业兴衰的风险也有某种差别。

（6）扩展家庭效益，一般发展中国家希望"多子多福"家庭，子女多安全有保障，保持家庭的昌盛。

在传统社会里，孩子不仅仅是作为代际相传的媒介，更多地表现为孩子对父母及家庭所给予的经济保障功能。正如库兹涅茨教授在一次详细的经验研究中所指出的："（发展中国家）他们生养的孩子较多。因为在他们这种经济和社会条件下，大部分人把他们的经济和社会利益寄希望于有更多的孩子。在一个组织松散、无保护的社会里，孩子可以为家庭提供劳动力，可以作为应付不可预测事件的资本，可以看作经济和社会保障因素。"② 这种功能在处于传统社会向现代社会转型的发展中国家更为明显，如在《印度的农村老年人社会保障与孩子的效用》一文中所描述的，一个农村老汉对曾经在 20 年前对其进行过走访的一位研究人员的谈话如下："你在 1960 年的时候曾对我说，我不应该要这么多的孩子，孩子多了将使我成为一个贫穷的人。现在你看，因为我有六个儿子，两个女儿，所以我才能悠闲坐在家里，他们长大了而且都给我钱，甚至还有一个儿子离开了乡村在外面工作。你曾经对我说，我是一个贫穷的人，将无力供养这样的一个大家庭。但是现在你看，我是一个富

---

① ② M. P. 托达罗著. 经济发展与第三世界. 印金强，赵荣美译. 中国经济出版社，1992：191.

有的人。"① 这一观点很好地印证了孩子在传统社会里所具有的经济保障功能。这也在某种意义上阐明了传统社会养育孩子的经济意义。

从学理上对传统社会里注重孩子的数量进行分析的主要有以下几种理论，第一种观点是澳大利亚学者凯德威尔从微观家庭经济学角度所考察的"财富流理论"（wealth flow theory）。凯德威尔认为，传统社会里之所以盛行高出生率，而现代社会则走向低出生率，这一过程是伴随现代化过程而发生的。他认为无论是盛行高出生率，抑或低出生率，都依生育对家庭的经济利益而定。看高出生率还是低出生率在经济上是否为理性行为，应取决于社会条件，主要取决于"代际财富流"（inter-generational wealth flow）的方向。② 在家庭内部，长幼辈分之间存在着一定的财富流动关系。凯德威尔认为，在传统社会中，纯财富流动的方向是向上的，即从幼辈流向长辈。就是说，幼辈流向长辈的财富大于长辈用在幼辈身上的财富，生育子女有利可图，子女在家庭中具有重要的经济价值。这种财富流动方向助长了传统社会的高出生率。凯德威尔把传统社会中这种财富流向和高出生率主要归于家庭生产方式。在这种生产方式下，儿童从幼年起便参加生产，创造财富，成为家庭经济收入的重要来源；而且，多子女也能为长辈晚年的生活提供保障。凯德威尔认为这种上行财富流向及高出生率的家庭战略之所以能实施，是与传统社会结构相适应的，它"需要支持和保障家庭生产的上层建筑和重家庭而轻个人的文化信条，并足以有力地控制各种偏离行为，而且，在这个社会中，关于生产和人口再生产的决策权应操在男性大家长手中，使男性大家长能按自己的意愿决定家庭生育行为。"③

如何才能减少人口呢？根据凯得威尔的理论，若使人口减少，改变人们的生育观，其中重要的一种措施就是使财富流的方向发生逆转，使向上财富流转变为向下财富流。如何才能使这种财富流的方向发生逆转？凯德威尔认为，现代化的进展，传统社会的经济、社会体制和文化观念的没落，这些都会最终导致了出生率的下降。随着资本主义社会化的生产方式取代家庭生产

① M. Vlassoff and Carol Vlassoff. Old Age Security and the Utility of Children in Rural India, *Population Studies*, Vol. 34, No. 3, 1980, p. 487.

② 王渊明. 历史视野中的人口与现代化. 浙江人民出版社，1995：221.

③ 王渊明. 历史视野中的人口与现代化. 浙江人民出版社，1995：222.

方式，生产单位从家庭转向工厂，儿童已不再具有往昔的经济价值，相反，养育子女变成一种家庭的经济负担。生产方式的变化，家庭成员成为单个劳动力进入劳动力市场，使长辈丧失了对其家庭成员生产和消费的控制，因而也丧失了对其生产和人口再生产行为的控制。这些经济和社会变化使代际财富流向发生逆转，出现了下行财富流向，长辈在子女身上所费大于所得，纯财富流向是从长辈流向晚辈，这使高出生率成为不经济的行为。[①] 在凯德威尔看来"财富"不仅包括货币和财产，还包括劳动和服务。考德威尔还提出"净财富流"概念，即父母与子女之间财富的净流向和流量。通过分析表明，在工业化以前的传统社会，净财富流主要由子女流向父母；工业化以来的社会，净财富流主要由父母流向子女。于是现代社会父母采取增加教育投资并减少孩子数量作为减少财富流向子女、增加财富向父母流动的手段，遂使生育率降低。也就是说若使人口生育率降低，首先必须转变财富的流向，有上行财富流转变为下行财富流，从而使生育更多的子女变成不再有利可图。

第二种理论是人口出生率微观经济理论，该理论假定：家庭对孩子的需求，是由以下几个因素决定的，一是取决于家庭对一定数量的成活婴儿的偏好（例如，在高死亡率地区，父母可能生养超过他们实际需要的孩子，以防止其中有一些不能活下去）；二是取决于抚养这些孩子的价格或"机会成本"；三是取决于家庭的收入水平。[②]

因此如果把增加的或边际的孩子数看作投资，那么应用于不发达国家的人口出生率微观经济理论的抉择机制基本上是存在的。在决定是否要多生一个孩子时，父母假设要权衡经济收益和成本，正如我们所看到的，主要的经济收益来自于孩子的劳动（通常是在田里干活）和父母年老后的经济保障。对这些收益的平衡，有两个主要的成本因素。

（1）父母生育期的"机会成本"（即如果她不在家抚养孩子，则她能挣到的收入）。

（2）教育孩子的成本（包括机会成本和实际成本），也就是说对数量较少的"高素质"、高成本、受过教育具有挣到高收入潜力的孩子与数量较多的"低素质"、低成本、未受教育、只有很低收入的前途的孩子两者之间在

---

① 王渊明. 历史视野中的人口与现代化. 浙江人民出版社，1995：222.
② M. P. 托达罗著. 经济发展与第三世界. 印金强等译. 中国经济出版社，1992：191.

经济上的选择。[①]

由此可见，从人口生育微观经济学的视角分析，如何才能从根本上改变后发国家人口增长过快这一制约经济发展的因素[②]，运用与传统的消费者行为理论同样的思维过程，如果把家庭人口出生理论应用于后发国家，那么就可以做出以下的推断，当养孩子的价格或成本提高时，也就是说，由于妇女的教育机会和就业机会增加，或者学校教育费用提高，或者最低年龄儿童劳动法的建立（19世纪的西欧，在社会转型时期，恰恰是由于童工法的制定，使父母对孩子的经济预期心理减少，而导致人口出生率下降），或者由社会来集资兴办老年人的社会保障系统，而使孩子不再成为父母老年保障的唯一来源，此时作为理性的经济人，在决定其消费理念时，他必然要考虑到养孩子的成本和收益。而这一切因素中最根本的就是就业与社会保障问题。目前在发展中国家，人口出生率主要是在农村地区偏高，因此解决农村就业问题特别是农村妇女的就业问题就成为发展中国家从根源上减少人口的主要路径。人口问题需要就业问题来解决，就业问题因人口问题而陷入困境，因此这成为摆在后发国家发展道路上的一大难题。

---

① M. P. 托达罗著. 经济发展与第三世界. 印金强，赵荣美译. 中国经济出版社，1992：192.

② 不同的历史时期人口增长未必都是经济发展的制约因素，但是就目前的世界人口总量，特别是发展中人口大国来说，人口爆炸的确使发展中国家面临着马尔萨斯人口陷阱理论的威胁。

第三章

农村贫困与农村劳动力就业转移的困境

一、贫困的概念及后发国家贫困的特征

（一）贫困——不同维度的定义及其内涵

贫困是一个历史的、地域的综合概念，随着时间和空间以及人们的思想观念的变化而变化。贫困最初是从经济层面来定义的。对贫困概念的定义和度量进行系统研究最早可以追溯到一个世纪以前。英国经济学家朗特里（Seebohm Rowntree）在 1899 年对英国约克郡的贫困问题进行了一次大型调查研究，其研究结果在 1901 年以《贫困：城镇生活研究》一书出版。朗特里对约克郡的几乎每个工人阶级家庭进行一次家计调查，他给贫困下的定义是：总收入水平不足以获得仅仅维持身体正常功能所需的最低生活必需品，包括食品、房租和其他项目等。[①] 他根据这个概念计算出最低生活支出，即贫困线，并将其同家庭收入比较得出贫困的估计值。朗特里的工作可以说是开创性的，他第一次清晰的从个体的角度定义贫困并将其量化，也奠定了早期贫困研究的基础。[②] 早期的学者对贫困的定义主要是限定在生计贫困上，

---

① 郭熙保，罗知. 论贫困概念的历史演进. 江西社会科学，2005（11）.

② Ashwani Saith. Social Protection, Decent Work and Development. http: //www. ilo. org/inst, p. 14.

是一种以"缺乏"为表象特征的贫困定义，[①] 从以下的定义我们就可以对早期学者对贫困的定义内容窥见一斑。"①贫穷是指生活必需品的缺乏；②贫穷是指相对较少（收入）的一种状态；③贫穷是指收入较少而无力供养自身及家庭的一种低落的生活程度；④贫困是指经济收入低于当时、当地生活必需品购买力的一种失调状况；⑤贫困是因无适当收入或不善使用（开支），无法维持基本生活以及改善健康条件和精神面貌去做有用的工作的一种社会状况；⑥所谓贫困问题是说有许多家庭，没有足够的收入可以使之有起码的生活水平，贫困最通行的定义是年收入的绝对水平；⑦贫困是作为某一特定社会中特定家庭的特征的一个复杂的社会经济状态，现在仍然存在的绝大部分贫穷是大量的经济不平衡之结果。"[②] 除此之外以"缺乏"特征来定义贫困的还有世界银行的报告等，国内的一些学者如童星、林闽钢[③]及国家统计局虽然也给贫困下了定义，但从实质上看他们也是从"缺乏"的角度界定贫困。他们所关注的是贫困的表象，范围从单纯的物质"缺乏"到无所不包的社会的、精神的、文化的、"缺乏"。世界银行《2000 年世界发展报告》将贫困定义为：物质匮乏，低水平的教育和健康，还包括风险和面临风险时的脆弱性和无助性等；迪帕·纳拉扬等人从穷人的视角定义贫困，认为贫困不仅仅是物质的缺乏，同时也缺乏权力和发言权。[④] 欧共体和世界银行则从社会排斥的角度界定贫困，认为贫困是由于贫困者的资源有限，以致他们被排除在所在国可以接受的最低限度的生活之外。另一种对贫困的界定，是从能力角度进行界定的，如世界银行（1990）就将贫困定义为"缺乏达到最低生活水准的能力"。阿玛蒂亚·森认为，贫困是指对人类基本能力和权力的剥夺，而不仅仅是收入的低下。[⑤] 除了以内涵来界定贫困的概念之外，还有的学者以贫困的程度作为划分贫困的标准，即贫困可以分为绝对贫困和相对贫困，国家统计局的两个课题组认为："绝对贫困者是指在一定的社会生产方

① Ashwani Saith. Social Protection, Decent Work and Development. http：//www. ilo. org/inst, p. 14.

② 吴理财. 贫困的经济学分析及其分析的贫困. 经济评论，2001（4）.

③ 例如童星、林闽钢认为，贫困是经济、社会、文化落后的总称，是由低收入造成的缺乏生活必需品的基本物质和服务以及没有发展的机会和手段这样一种生活状况。见童星，林闽钢. 我国农村贫困标准线研究. 中国社会科学，1993（3）.

④ 迪帕·纳拉扬. 谁倾听我们的声音. 中国人民大学出版社，2001：69.

⑤ 阿玛蒂亚·森. 贫困与饥荒. 王宇，王文玉译. 商务印书馆，2001：73.

式和生活方式下，个人和家庭依靠劳动所得和其他收入不能维持其基本的生存需要，生活不得温饱，劳动力再生产难于维持，这样的个人（或家庭）称之为贫困人口（或家庭）。……相对贫困是指相比较而言的贫困。即生活水平最低的那一部人（如占总人口的5％）为处于相对贫困的人口，有的机构和组织曾将收入只及（或少于）总体收入的1/3的社会成员视为相对贫困人口。"① 这一点中国和西方的学者的态度是一致的，一些国际组织和各国政府也基本上沿用了这一概念。例如，世界银行编写的《贫困与对策》一书中写道："传统上是用维持最低生活标准的收入或支出水平测定贫困。贫困又可以从相对或绝对意义上来衡量。……相对贫困是指某人或某家庭与本国的平均收入相比，例如将贫困线划定为平均收入的一半或分配额的40％，相对贫困线随着平均收入的不同而不同。绝对贫困是指某人或某家庭的状况低于这样一个贫困线，其实际价值是固定的，不随时间变化而变化。绝对贫困线是基于最低消费标准，基于必需的人体热量吸收的食品。"② 还有人在绝对贫困和相对贫困之间又划出一个基本贫困。唐钧则认为这三者是一个互相衔接的独立的概念，绝对贫困是内核，向外扩展第一波是基本贫困，第二波是相对贫困。③

除了以上的贫困定义以外，有的学者又把贫困具体细化为收入贫困、人文贫困、能力贫困、制度贫困等几个方面。从贫困定义的多维度可以看出给贫困下一个准确的定义是比较困难的。因此世界银行采取的是一种描述性的贫困定义形式：贫困就是这样一种人们想逃避的生存状态：贫困就意味着饥饿，意味着没有栖身之地。贫困就是缺医少药，没有机会上学，也不知道怎样获得知识。贫困就是失业，害怕面对未来，生命时刻受到威胁。贫困就是因为缺少清洁的饮用水而导致儿童生病甚至死亡。贫困就是权力和自由的丧失。④

① 参见《中国城镇居民贫困问题研究》课题组和《中国农村贫困标准》课题组的研究报告，1990.

② 世界银行编. 贫困与对策. 经济管理出版社，1996：1、3 - 4.

③ 唐钧. 中国城市居民贫困线研究. 上海科学出版社，1994：78.

④ 刘俊文. 超越贫困陷阱——国际反贫困问题研究的回顾与展望. 农业经济问题，2004（10）.

（二）后发国家贫困的主要特征

第一，后发国家的贫困人口总量有所下降。

根据世界银行的统计分析可以得出，在后发国家绝对贫困在不断减少，1980～1998年，贫困人口共计减少2亿人。[①] 特别是在亚洲和太平洋区域，亚洲银行的调查数据显示，亚洲国家的贫困发生率在急剧下降，1960年亚洲贫困人口占总人口的比重为65%，而到2000年下降为17%，特别是最近20年，亚洲的贫困人口数量不断下降。[②] 以下的图表可以表明（见表3-1），从1990年以来，除巴基斯坦和印度尼西亚以外，表中所列的亚太后发国家的贫困人口都明显呈现出下降的趋势。泰国的贫困人口即使在经历亚洲金融危机的打击下，其贫困人口还是保持着下降的势头。虽然贫困人口保持下降的趋势，但是贫困问题仍然是困扰后发国家发展的一个主要的问题。

表3-1　　　　　　　　　亚洲各国贫困线以下的人口百分比

国家	年份	百分比	年份	百分比
孟加拉国	1989	47.7	2000	34.0
印度	1988	38.9	1999	26.1
巴基斯坦	1991	22.1	1999	32.6
印度尼西亚	1990	15.1	1999	18.2
菲律宾	1991	45.3	2000	39.4
泰国	1990	27.2	1999	15.9
中国	1990	9.4	1999	3.7

资料来源：Ronald Skeldon. *Migration and Poverty*, Asia-Pacific Population Journal, December 2002：67.

第二，从空间分布上看，贫困人口主要集中在农村地区。

根据世界银行1997年的统计数据，世界上共有贫困人口13亿人，其中

① World Bank. Globalization, Growth and Poverty：Building an Inclusive World Economy, 2002：50 - 51.

② http：//www. unescap. org/esid/psis/population/popseries/apss158/part1_1. pdf, population and poverty in asia and the pacific, p. 32.

3/4 的人口生活在农村地区，每天依赖不到一美元为生。在世界上 8 亿尚不能解决温饱的人口中，有 3/4 生活在农村地区。即使伴随着城市化进程的加速，但是贫困人口在今后的几十年中仍将生活在农村地区，而且就贫困程度而言，农村人口的贫困程度要比城市人口的贫困程度更加严重。例如在拉丁美洲 19 个国家的 1994 年的统计数据中，农村贫困人口的比例为 55% 而城市人口中贫困人口的比例为 34%。[①]

二、后发国家农村贫困的缘由

后发国家的贫困可以说是多种因素共同作用的结果，既有历史条件的制约、经济基础的落后、自然资源的匮乏、生态环境恶化，人口过度增长这些客观的变量，同时也存在着经济结构单一、发展战略不当、经济政策失误等内生变量的作用。同时后发国家贫困生成的原因中不可忽略的因素是国际经济秩序的不合理、债务负担沉重、贸易条件恶化、贸易地位不利等外生变量。这些因素可以很好地解释后发国家长期贫困的原因，但是为什么在后发国家农村却更加贫困？造成农村更加贫困的原因是什么？不同的学者在进行着思索，从不同的视域给出了不同的答案。有的学者认为，后发国家的农村之所以贫困，是因为小农的非理性，他们抵制农业技术方面的变革或新品种的引进或不同经济作物的引进。因此农村必然面临着贫困。对此观点，托达罗与西奥多·舒尔茨进行了批驳。他们认为在后发国家的农业生产，主要处于生计农业阶段，生计农业的最大特点就是具有较大的风险和不确定性，这使人们的生存更加困难，甚至于生活在危险中。在那些相当小的农场（即中国的农户）和依靠不确定的、极其易变的降雨量进行耕作的地区，平均产量很低，在糟糕的年景里，农民及其家庭面临着饥饿的真正危险。因此当风险和不确定很高时，小农场主可能极其不愿意从他们过去已经了解并熟悉的传统技术和作物类型转变到能提高产量但可能要承担收成不足的较大风险的新型技术和作物上来。"在生死攸关的时刻，避免灾年（即颗粒无收）比在好年

---

① http://are. berkeley. edu/~sadoulet/papers/Handbook_text. pdf, Alain de Janvry：Rural Development and Rural Policy, p. 2.

景比产量最高更重要。用经济统计学的术语来讲，为了避免风险的农民可能宁愿选择平均每公顷低产量同可变性低（即在平均数周围波动较小）相接合的粮食生产技术，而不愿选择可能提高平均产量但同时又具有较大风险的技术和作物。"① 正如詹姆斯·斯科特所说："农民的家庭问题，说白了，就是要生产足够的大米以养家糊口，要买一些盐、布等必需品，还要满足外部人的不可减少的索取。一个家庭能生产多少大米，部分地取决于运气；但种子的品种、种植技术和耕作时间的地方传统，是经历了几百年的试验和挫折才形成的，使得在特定环境下能有最稳定、最可靠的产量。这些都是由农民发展起来的技术安排，用以消除'使人陷入灭顶之灾的细浪'。"② 斯科特接着分析认为农民长期以来形成的"这些技术和社会安排已确认的价值，大概恰恰使得农民在来自首府城市的、帮助他们的农学家和社会工作者面前，表现出布莱希特式的固执。"③ 农民的固执恰恰是农民理性的一种反映。这些农民的理性告诉我们，农民宁可追求的是风险的最小化，而不是经济利益的最大化，从这一点来看，好像农民是非理性的，以为他们违背了经济人的理性，即追求经济利益的最大化，可事实证明，正是由于农民追求特殊年景的风险最小化，才带来了农民在灾荒年景的利益最大化，这一点恰恰印证了农民的经济人理性。④ 看来，农民追求风险的最小化，这一点并不是造成农村贫困的原因。

对于发展中国家农村贫困的原因的解释另一种理论是以弗兰克（A. G. Frank）为首的拉丁美洲依附学派，依附理论认为，在国际经济关系中，形成"中心"（西方发达工业国家）与"外围"（不发达国家）的结构体系。发展中国家自卷入国际分工以来，深受"中心"工业国的剥削。"中心"国家科学技术进步，工业发达，劳动生产率高，生产并出口制成品；而"外围"国家却缺少这一切，只能生产和出口农矿产品初级原料。在这种国

---

① ［美］M. P. 托达罗. 经济发展与第三世界. 印金强，赵荣美译. 中国经济出版社，1992：284.
［美］西奥多·舒尔茨. 改造传统农业. 梁小民译，商务印书馆，2003 年版，第 30～31 页、33～34 页。

②③ ［美］詹姆斯·C. 斯科特. 农民的道义经济学：东南亚的反叛与生存（中译本）. 译林出版社，2001：3.

④ 笔者 2010 年曾在辽宁西北部某村进行调查，该地区地广人稀，但是由于干旱，经常颗粒无收，农户均有地十亩以上，但是农户的种地选择只种 2 亩左右，在农民看来，多种未必多收，甚至连种子化肥钱都赚不回来，不如少种些，精耕细作，用水浇地，满足自己的粮食供给。

际交换体系中由于工农产品剪刀差以及经济实力的悬殊，"中心"国家始终处于支配地位，而"外围"国家则处于从属的、依附的地位。"外围"国家创造的经济剩余通过国际贸易被"中心"国家吞蚀，削弱了"外围"国家的资本积累和进口能力，阻碍了这些国家的技术进步和工业发展。依附理论的核心概念是"边缘"和"中心"。① 根据吴理财的解释，这种"边缘和中心"的关系并不仅存在于世界的层次，它能渗透到各个国家（或地区）内经济、政治和社会生活的每一个层面。这些国家的金融和出口中心是世界经济体系中心都会的卫星，然而对国内人民而言，它却是中心都会。地方的首府是国家中心都会的卫星，但其本身尚有地方性的小卫星环拱之。这种都会——卫星的连锁关系使这个体系内的每一个部分都能紧密地扣连起来。也因此，透过这一层层的联系，在欧美的中心都会能够和欠发达和不发达国家（或地区）落后的乡村，产生密不可分的关系。整个体系就像一棵庞大的树，其根部散布四处，根须的末梢可能连触到地处穷乡僻壤的农民身上，从他们身上吸收"水分"或"养料"，一层一层地向上流动。② 由此可见，发展中国家或地区之所以长期陷入贫困，主要是由于市场交换的不平等和利益分配的不合理所导致的，根本原因是其"边缘"地位所决定的。这是从广义方面来看，如果我们把这一理论推演放到微观层面即农村和城市的关系上，就可以看出正是由于农村和城市之间这种依附关系，使得农村成为中心——卫星这种层级关系的最底层，农村成为各个层级的卫星和都会榨取的根基，农村的贫困也就不难理解。

除了以上两种观点对农村贫困做出解释外，一个比较有影响的解释农村贫困的理论就是城市偏向理论。最早提出这一理论的是美国经济学家利普顿。在其著作《为什么穷人总是穷？——关于发展中的城市偏向问题》中，他认为发展中国家农村之所以贫困，是因为许多本来可以为农村带来更高收益的资源因国家行为而被动员到城市中，分配给了城市中的居民，不但如此，乡村中个人的资源（如农村中的人力资本）也由于间接激励作用被转移到了城市中，尽管这种转移增加了私人的收益，但是却减少了整个农村地区的社会

---

① 转引自吴理财. 贫困的经济学分析及其分析的贫困. 经济评论, 2001（4）.

② 吴理财. 贫困的经济学分析及其分析的贫困. 经济评论, 2001（4）. 另参见成德宁. 城市偏向与农村贫困. 武汉大学学报（哲学社会科学版）. 2005（2）.

收益。这种政策的后果必然导致农村的贫困①。这种城市偏向政策具体表现在：第一，许多发展中国家的政府通过控制市场和设置贸易壁垒，提高工业品价格和压低农产品价格，制造不利于农业的贸易条件，以加快国家的工业化进程。在所有的低价格中对廉价食品的关心高于一切，这种关心导致人为的食品低价格，尽管有许多方面可以反映出这种城市偏向的后果，但是食品价格却是绝对至关重要的。无论发生什么，食品价格必须保持绝对低廉。所有的城市阶层都享受着低廉的食品价格带来的好处，工业资本家可以给工人支付低工资，在相对紧张的家庭生计预算中工人可以以较低廉的价格获得食品的分配。第二，发展中国家在公共投资政策方面，投资的资金主要来自于农业部门，但投资项目却主要集中在城市工业部门，尽管发展中国家非农业部门的投资收益比农业部门的投资收益低得多，但农村地区仍得不到应有的机器、道路、水坝和仓储等基础性公共服务设施。第三，发展中国家不仅公共投资偏向城市地区，私人投资也通过"金融城市偏向"（financial urban bias）流向城市。这种"金融城市偏向"的存在是因为农村地区现代信用制度不发达，交易成本高，监督困难，其结果是农村地区的金融机构吸收存款，然后贷款给城市企业，农村的资金流向城市。许多发展中国家的证据显示，城市地区是净贷款者，农村地区是净放款者。由此可见后发国家为了实现现代化的赶超战略在农村地区采取的是择定扭曲的战略。所谓择定扭曲是指"当一项政策导致某一产业或产品生产的扭曲，而该项政策的目标是为了获得更大的社会收益，以至于不得不实行的扭曲。与通常所说的由于政府的过多干预和市场的不完善所引起的扭曲所不同的是，这种扭曲具有定向性质，是适应特定的政治、经济和社会环境的理性选择"。② 所以说它是理性的选择，是因为它"为实现当前的目的提供的手段，而且提供手段的证据是不容置疑的"。③ 为什么会出现这种扭曲农业或者说扭曲农村地区的资源分配方式呢？利普顿认为，那是因为农村人口虽多，但是由于居住分散且不善表达以及无组织性，这些导致了城乡之间在资源分配上偏向于城市一方，城市精英通过组织集中和控制政治权利和经济权利，能够充分地控制政策导向以及资

---

① http：//www1. worldbank. org/wbiep/decentralization/library1/1475. pdf, Andrew N. Parker：Decentralization：The Way Forward Rural Development? p. 2.

②③ 李成贵. 中国农业政策——理论框架与应用分析. 社会科学文献出版社, 1999：139.

源的分配。① "在社会主要利益集团之间存在明显的力量不均衡的异质性结构中，政策的实际供给总量在利益分配上偏向于那些在结构上就近于权力中心、资源控制和行动能力较强的集团。因为在这种结构中，政府依赖于特定集团的支持。正如著名的社会学家布劳指出的那样，政府权威依靠它作为合法权威受到的承认以及国民的主要群体对它的支持，就是说受到参与政治生活的并对公共事务关心的那些人的多数支持，而不是所有居民的支持。政府的政策供给及其变迁首先是要满足这些强势集团的要求，并与其换取政治支持，否则就会造成政府政治收益的巨大损失，甚至像亨廷顿所说的那样陷入政治的泥坑。"②

对于农民在政治利益博弈的过程中的无力境地，孟德拉斯对此现象有一段精彩的论述："职业领导人和政治代表人物，几乎都是些显要人士、城市资产阶级或大所有者，小农很难离开自己的村庄去参加会议……当讨论的问题是乡村地区，甚至省一级的层次上时，小农感到得心应手，他具有足够的日常经验，使他们可以津津有味地和从容地参加讨论。在全国层次上，情况就不同了，问题是抽象的，在场人物的势力难以估计，政治运行规则、活动方法和行为惯例都是农民所陌生的。农民自觉不自觉地感到自己处在一个陌生的世界中。这是城市权力、经济和国际事务的世界，而他仅是一个'见识短浅'的乡下人，他的外部世界是极为狭窄的、有限的。而他同别人使用同一个词儿时，并不总是具有同样的含义。因此他们根本不了解国家的性质和国家事务，但仍然诚恳而善良的多少有些一厢情愿地对国家寄寓了甚高的期望，倾向于把国家看成自己利益的天然代表，希望得到国家的支持。"③ 这种一切依赖于国家的心理，使得农民尽管占有传统社会的大多数，但是在集体行动时，这一群体却显得苍白无力，因此当国家采取城市偏向政策时，农民不会抗争，他们只会逆来顺受，因为他们实在找不到能够代表他们的利益的新的代表，整个农村社会成为"一麻袋土豆"。例如从发展中国家平均水平上看，农业部门雇佣了70%的劳动力，而且带来了40%～50%的国民生产总

---

① http：//www1. worldbank. org/wbiep/decentralization/library1/1475. pdf，Andrew N. Parker：Decentralization：The Way Forward Rural Development? p. 5.

② 李成贵. 中国农业政策——理论与框架分析. 中国社会科学文献出版社，1999：181.

③ ［法］H. 孟德拉斯. 农民的终结. 李培林译. 社会科学文献出版社，2005：214.

值，但是却得到不到 20% 的公共资源，而且通过高水平的税收还被迫贡献着大量的公共储蓄。另一个研究人员贝茨通过对非洲农业政策选择的基础的考察认为由于农民人数众多，居住分散，从而导致集体行动中的高沟通成本，以及单个农民的产品只是农业产出的微小份额，因而农民在进行集体行动时往往更容易出现免费搭车的现象。① 这样就造成了人口虽然众多，但是集体行动无力的数量悖论。

以上几位学者站在西方政党政治党派斗争的基础上进行的城乡之间关系的理论分析。他们的分析尽管有一定的合理之处，但是，也存在着一定的局限性。那就是后发国家之所以实施城市偏向政策不仅仅是因为政党政治的考量，而是因为后发国家的资本稀缺以及工业化战略的制约使然。我们知道，后发国家大部分是"二战"以后走上独立道路的国家，即使日本以及拉丁美洲等国尽管在"二战"之前就已经独立并走上发展道路，但是这些国家的发展的加速或者说起飞主要还是在第二次世界大战以后，除此之外，亚洲新兴工业化国家以及发展中国家如印度、中国等国家无不是在第二次世界大战以后，在完成政治独立之后，才走上现代化发展道路的。由于在西方早发国家工业强国的示范效应下，这些国家的现代化道路的选择无不从工业化开始，而后发国家发展工业最缺少的是资本的积累，因此为了实现赶超战略，迅速实现工业强国的目标，这些国家都采取了城市偏向剥夺农业及农村的政策。

"二战"以后后发国家的城市偏向的发展战略与战后兴起的发展经济学之间也是不无关系。20 世纪 50 年代以来的发展经济学家在考量工业化进程中的城乡关系时，大部分都采取了轻视农村，而重视农业的经济发展理论，其中的典型代表为阿瑟·刘易斯。农村在他看来不过是劳动力的蓄水池，只能为城市的工业发展提供廉价的劳动力。我们知道早期的西方发展经济学家，都是从研究发达国家经济增长的专家转移而来的，因而从一开始就企图把西方先发国家的发展模式照搬到后发国家的经济发展中去。他们对后发国家的情况了解甚少，以一种先验论的方式给后发国家的经济发展道路开了药方。美国学者基思·格里芬曾说"关于经济发展的理论，大部分是由在西方工业国家生活和受教育的经济学家们提出的。事实上，有些经济学家写关于不发

---

① 蔡昉，都阳. 劳动力流动的政治经济学. 上海人民出版社，2003：36.

达国家著作时根本没有去过那里，还有一些人虽然可能访问过一个不发达国家，可是从他们的写作来看，好像他们只看到了那里的首都，或许再加上几个大城市。而且，几乎所有这些经济学家都对他们据以制定理论的那些国家的经济史，知之甚少。因此，许多作者论述那些国家的贫困时，遇到两大困难：对于与不发达有关的广泛历史力量缺乏了解，以及对不发达地区最广大地区——农村地区的结构体系、行为反应和生活方式的无知。"① 他们把工业部门看作经济发展的"发动机"，而农业在经济发展中只是消极地适应工业的扩张，提供廉价的粮食和充足的劳力。结果，在战前小块现代化工业飞地沿袭资本主义道路增长的同时，广大乡村人口贫困如旧，农业生产率提高甚微。在 1950～1970 年的 20 年中，发展中国家作为一个整体，按人口平均的粮食产量年增长率仅为 0.6%，按人口平均的农产品（包括经济作物在内）年增长率同样低于 1%。60 年代比 50 年代增长更为缓慢，按人口平均的粮食产量年增长率只有 0.1%。② 后发国家农村地区生产停滞，食物短缺，缺医少药，文盲众多，成为经济发展中被遗忘的角落。50 年代和 60 年代，后发国家忽视农业和农村发展的战略造成了"有增长、无发展"使后发国家的农村陷入了贫困，后发国家的经济发展陷入困境。

城市偏向政策如果作为一种短期的政策，也许不会对整个国家的经济发展特别是农村地区的发展带来严重影响，但是一旦长期实施城市偏向政策，造成城市工业、农村农业的二元局面，那么必将影响整个经济发展。目前存在农村地区劳动力转移和就业困境的正是那些长期实施城市偏向政策的后发国家，城市偏向政策是目前部分后发国家存在着严重的二元经济结构的肇源。而这种二元经济结构对后发国家带来的影响是深重的，正如舒马赫所说："几乎在所有的发展中国家出现的不良的、有害倾向之一是越来越明显的'二元经济'。'二元经济'存在着两种不同的生活方式，它们之间相互隔绝，犹如两个世界。这不是一部分人富有，另一部分人贫穷，通过一种共同的生活方式各自团结在一起的问题，而是两种生活并存，然而一种生活方式中即使最卑微的人每日收入也比另一种生活方式中最辛勤劳动的人的收入要高出许多倍的问题。……如果不有意识地加以抵制，二元经济就会产生我所说的

---

① 周志祥，范建平编著. 农村发展经济学. 中国人民大学出版社，1988：7.
② 周志祥，范建平编著. 农村发展经济学. 中国人民大学出版社，1988：3.

相互毒化过程，城市工业的顺利发展破坏内地的经济结构，内地则以人口大规模流向城市的行为来报复，使城市受到毒害，而且使城市完全失去控制。"① 在这里，舒马赫已经明确地看到城市偏向政策造成了发展中国家的城乡二元结构给发展中带来的深刻影响，这也是后发国家农村长期贫困的根源。

三、农村贫困对农村劳动力就业转移的影响

（一）农村发展停滞农村劳动力向外转移

农村的贫困导致农村发展停滞，农村发展停滞反过来又导致农村的贫困，这样的一个恶性循环系统作用下，产生了对农村人口离开农村的强大的推力。农村人口大量地流入城市，增加了城市就业的压力，同时也加重了城市公共基础设施的承载能力。农村人口之所以离开农村，大量地涌入城市，在推拉理论学说看来，那是因为在农村地区存在巨大的推力，而城市地区存在着强大的吸力。根据利文斯坦的学说，受压迫受歧视的地位、沉重的负担、气候环境不佳、生活条件的不合适这些都是影响劳动力进行转移的动因，但是最重要的还是经济上的因素。唐纳德·伯格等人认为，人口的流动或迁移是由两种不同的力相互作用的结果。在人口的流出地，存在着一种起主导作用的推力，产生这一推力的因素有自然资源的枯竭、农业生产成本的增加、农村劳动力过剩导致的失业和就业不足、较低的经济收入水平等。在流入地存在着一种起主导作用的拉力，而产生拉力的主要因素包括有较多的就业机会、较高的工资收入、较好的生活水平、较好的受教育机会、较完善的文化设施和对交通条件、较好的气候环境等。推力与拉力只是相对而言，存在拉力的同时存在着拉力，存在拉力的同时也存在着推力，只是由于二者在对比条件下，哪一种占有主导地位。往往流入地的拉力更占有主导地位。在托达罗看来，城乡之间的人口流动是由于城乡之间存在着预期的比较利益的优势，如

---

① ［英］舒马赫. 小的是美好的（中译本）. 商务印书馆：108.

果在城市中的预期收入大于农业或农村收入，那么农村劳动力就会向城市转移。而这种预期收入的比较优势正是后发国家农村劳动力不断向城市转移的主要的经济动因。

（二）加剧城市贫困

农村人口不断向城市迁移，造成了城市贫困的增加，给城市社会发展带来更多的不安定因素。从 1950～1995 年，发达国家的城市人口由 4.47 亿增加到 9.1 亿，增长了 1.04 倍；而发展中国家城市人口却由 2.87 亿增加到 16 亿，增长了 4.5 倍。1950 年全球最大的 15 个城市中，发展中国家只占 4 个，到 1994 年却增加到 11 个，预计到 2015 年将增加到 13 个。1994 年，世界上人口超过 1 000 万的城市有 14 个，其中 10 个位于发展中国家。预计到 2015 年，人口超过 1 000 万的城市将达到 27 个，而发展中国家则占去其中的 24 个。[①] 世界银行发表的《世界发展报告》表明 1998 年全世界的城市人口的比重已经达到 46%，按照联合国的预测到 2025 年城市人口比重将达到 65%。1970 年发达国家的城市人口约比发展中国家的城市人口多 3 000 万，而短短 15 年这种情况发生了逆转，到 1985 年发展中国家的城市人口反而比发达国家的城市人口多出 3 亿。到 2000 年发展中国家的城市人口已接近 20 亿，是发达国家城市人口的一倍。据预测在 21 世纪发展中国家的城市人口仍将保持 3%～4% 年增长率，也就是说每 20 年就要翻一番。到 2000 年发达国家的城市化率已达到 80% 而在发展中国家则地区差异很大。中等收入国家如拉丁美洲和加勒比海地区等国城市化率的平均水平为 74% 已接近发达国家水平。而亚洲、非洲等工业化水平较低的国家，其城市化率尚不超过 40%。[②] 后发国家的城市增长如此之快的原因一方面是城市本身自然人口增长率使然，但是更主要的因素是生计处于困境的农村人口大量涌向城市的结果。根据联合国 2005 年千年目标发展报告 "发展中国家的城市人口正在以每年超过 3% 的速度增长，比农村人口的增长快三倍。这意味着，由于人口向城市迁移和生育增加，发展中世界的城市社区每年约增加 1 亿人口。预计到 2007 年，发展中

① 于春梅. 世界城市贫穷人口的增长. 城市问题，1997（4）.
② 转引自朱农. 发展中国家的城市化问题研究. 经济评论，2005（5）.

区域城市居民的人数将超过农村人口。几乎每三名城市居民中有一人——近10 亿人——住在贫民窟。他们生活条件的特点是过分拥挤、失业、没有住房权保障、水、卫生和保健服务条件差、普遍没有安全保障，包括存在对妇女的暴力行为。因此，贫民窟中的疾病、死亡率和失业率大大高于规划的城市住区，也就不足为奇了。普查表明，在有些非洲城市，居住在贫民窟的 5 岁以下儿童的死亡率，是其他城市社区儿童的两倍。"① 由于农村人口的大量流入城市，增加了城市的承载负担，我们知道，困扰后发国家发展的主要"瓶颈"就是资本问题，大量人口涌入城市，使后发国家面临着两难的选择，要么把有限的资金用于城市的发展，解决贫困人口的生计问题，这样只能放慢国家经济的发展速度，要么把有限资金用于经济发展，仍然实行先增长、后分配的发展战略，任由城市病的发展蔓延。从 20 世纪 70 年代以来，一部分后发国家开始逐步放弃城市偏向的经济发展战略，注重农村地区的开发，但是结果却是成功与失败各异，这是我们第二部分所要论述的内容。目前的后发国家充分认识到，若想富裕农民，使农民走出贫困的束缚，当下的关键问题就是如何促进农村劳动力的就业与转移。

---

① http：//www. un. org/chinese/millenniumgoals/report05/report7_9. htm.

第四章

城市化工业化路径选择与农村
劳动力就业转移的困境

一、城市化与工业化的概念内涵

后发国家中大部分是第二次世界大战后走上独立发展道路的民族国家，即使是在第二次世界大战前走上独立道路的日本和拉丁美洲国家，他们的工业化进程主要也是在第二次世界大战以后开始起步的。因此第二次世界大战后走上独立道路的后发国家都面临着一个重大课题，那就是如何发展壮大民族经济，振兴自己的国家。在寻求历史经验的时候，后发国家把眼光投向了早发工业化国家。在历史上，"西欧和北美的经济发展常常被描述成在这些国家内部及国家之间，经济活动和人口持续地从农村地区向城市地区迁移，随着城市工业的扩大，创造了新的就业机会。与此同时，农业的技术进步减少了对农村劳动力的需求。两种现象并在一起，使得西方国家的人力资源有秩序地、有效率地从农村向城市迁移。"[1] 在借鉴这种经验的基础上，许多经济学家推断：第三世界的经济发展也必须集中努力促进城市工业的迅速增长。在发达国家的示范效应下，独立后的国家都认识到，要彻底摆脱奴役和免受西方殖民主义的剥削，必须尽快实现国家的富强，而使国家走上富强之路的最佳途径就是迅速实现工业化。以工业化带动城市化，进而实现国家的现代

---

① M. P. 托达罗. 经济发展与第三世界. 印金强，赵荣美译. 中国经济出版社，1992：203.

化。因此第二次世界大战结束后走上发展道路的国家无不选择了实现工业化的经济发展战略。走工业强国道路，既是后发国家本身的历史选择的结果，也是"二战"以后兴起的发展经济学理论给予后发国家工业化道路的选择以极大影响的结果，而"发达国家的政府和经济学家们，在规划世界经济政治格局、指导和援助发展中国家时，没有什么思想准备，也没有现成的理论工具来分析那些不具备现代经济结构，主要由小农组成的农业社会的发展过程。因此它们只能照搬西方的社会发展模式来为发展中国家设计道路……从单纯的经济增长的角度来理解发展。"① 在这种发展理论的指导下，发展中国家大部分沿袭或照搬了西方早期工业化国家的发展道路，在经济发展中，以工业经济的迅速增长为主要的发展战略。但是由于各国对工业化概念的不同理解，导致了不同的发展后果。那么到底什么是工业化？什么是城市化？本部分首先来研究其概念的内涵。我们知道概念是分析问题的工具，是构筑理论体系的基石和进行学术研究与交流的基础，因此为了搞清楚城市化与工业化与农村劳动力转移之间的关系，首先必须弄清楚城市化、工业化的本质内涵。

（一）工业化的含义

工业化是所有走上现代化强国之路的国家的必经之路，也是目前正在走向现代化之路的国家所正在经历的道路。那么到底什么是工业化？不同的学者从不同的视域给出了不同的定义。人们对工业化含义的不同理解归纳起来大致有如下几种具有代表性的观点。

（1）重工论。这种观点在苏联比较盛行，持这种观点的主要代表人物是斯大林，1926 年斯大林曾经明确指出："不是发展任何一种工业都是工业化。工业化的中心、工业化的基础，就是发展重工业，归根到底就是发展生产资料的生产，发展本国的机器制造业。"并且还举例说虽然轻工业发展也是必须的，但是不能认为轻工业的发展就能算作工业化。他说："我国的工业化不能只理解为发展任何一种工业，比如说发展轻工业，工业化首先应当理解为发展我国的重工业。"②

---

① 童星. 发展社会学与中国现代化. 社会科学文献出版社，2005：184.
② 转引自曾国安. 试论工业化的含义. 当代经济研究，1998（3）.

（2）非农论。这种观点把工业化视为工业和服务业部门在国民经济中所占比重不断上升的过程。如印度经济学家撒克就认为，工业化乃是农业在国民经济中所占份额下降，工业和服务业在国民经济中所占份额上升的过程，或者说工业化就是一个国民经济脱离农业的结构转变过程。

（3）工业化是基要生产函数连续发生变化的过程。所谓"基要生产函数"乃指在整个国民经济中居于支配地位的函数，这种基要生产函数的变化会决定和引起其他生产函数的变化。由于这一定义过于宽泛，因此提出这种观点的学者又补充道："这种基要生产函数的变化，最好是用交通运输、动力工业、机械工业、钢铁工业诸部门来说明"。[①] 这种观点与重工业论有许多相似之处，实际上是一种变相的重工业论。

那么到底什么是工业化呢？笔者赞同曾国安的观点，"所谓工业化是指以现代工业部门的发展为核心，以机器体系为特征的先进的物质技术基础取代以手工劳动为特征的落后的物质技术基础，以社会化大生产的生产方式取代个体生产的生产方式，从而使社会劳动生产率和社会生产能力不断提高，非农产业部门逐渐取代农业部门在国民经济中的主导地位的国民经济结构发生根本性变化的过程"。[②] 也就是说工业化不仅是一种生产技术领域的变革，同时它也是国民经济结构的变革。

（二）城市化的含义

1867 年，西班牙巴塞罗那的城市规划师、建筑师塞达尔出版了《城市化概论》一书，首次创造了"城市化"这一术语，现代汉语中"城市化"作为专业术语是在 20 世纪 70 年代后期传入我国的。城市化一词来自英语 urbanization，有人将其翻译成"都市化""文雅化"，也有人将其翻译为"城镇化"，但多数人认为"城市化"更为准确，直到今天这一术语的含义在学术界也没有得到统一。对于该词的英文解释，《牛津高阶双节词典》的定义为："the course of changing some place（esp. a rural place）into a town-like area." 意思是"将某地（尤指农村地区）变为城镇式地区的过程"。*The American*

---

① 张培刚. 农业与工业化（中文版）（下卷）. 华中工学院出版社，1984：70.
② 曾国安. 试论工业化的含义. 当代经济研究，1998（3）.

Century Dictionary.（《美国世纪词典》）给出的英文解释是 the course of making urban, esp. by destroying the rural quality of，意思是"使……都市化的过程，尤其是通过消除其农村特质"。比较而言，《朗文现代英汉双解词典》给出的英文解释则比较全面：the course of causing to have or belong to towns or cities and their ways of living and behavior, esp. when originally of or from the country，即"使……变为集镇或城市的过程，同时人们的生活和行为方式（特别是那些源于农村的）也随之向城市转化"。农村区域转变为城市区域，农业人口变为城市人口，是历史发展的必然结果。城市化作为一种社会历史现象，是社会化、工业化、现代化的必然产物，并随着社会化、工业化、现代化的发展而发展。但是到底何谓城市化？其深刻的内涵目前还有许多未明之处。关于城市化的内涵问题，由于每个学者的研究视角不同，从各自的研究领域和研究对象来给予定义，因而存在着不同的理解和表述。这些观点大致可分为以下三类。

第一类是人口城市化说，强调城市化是农村人口向城市集中的过程。例如，有的学者认为，城市化就是农村人口转移为城市人口的过程，即农业人口转变为非农业人口的过程。《中国大百科全书》对城市化的解释也认为："城市化是指农村人口转变为城市人口的过程，其实质是农民从农业劳动转为从事工业、商业及其他非农业劳动"。①

第二类是空间城市化说，其主要是从农村发展的角度来研究城市化发展问题，侧重于农村向城市的转化过程。这其中具有代表性的解释有：农村城市化是农村地区的城市化，它是在城市、近郊区、农村联动发展的过程中，农村地区"有序退缩，稳定提高"的过程；它是农村地区发展的轴心，是实现城乡一体化（作为一种目标的）主要模式。② 农村城市化就是将农村社会的发展推进到现代城市发展的轨道上，使农村生产方式、农村生活方式、思维方式和行为方式，发生城市性的大变革，从而使全社会成员在社会生产力高度发展的基础上，共同享受人类社会发展的物质成果和精神成果。③ 我国学者范建刚认为所谓城市化，本质上是进入工业化时代后，人类在空间上通

---

① 中国大百科全书：建筑、园林、城市规划卷．中国大百科全书出版社，1988：58.
② 郑弘毅主编．农村城市化研究．南京大学出版社，1998：8.
③ 朱林兴，孙林桥．论中国农村城市化．同济大学出版社 1996：11.

过聚集而优化资源配置的过程，也是一种社会生活的空间优化过程。这一过程是非农产业城市化与农村人口城市化的统一，非农产业城市化包括了外部产业城市化即非农产业由乡村向城市的聚集，与内部产业城市化即城市内部产业种类的增加与规模的扩张、非农产业在不同规模城市间的迁移与重新聚集等城市化的质量化过程。与此相对应，农村人口城市化也有内部城市化与外部城市化两种。非农产业城市化是城市化的核心，人口城市化是它的结果。①

　　第三类是现代化发展说，认为城市化是社会现代化过程的重要基本特征之一，是社会现代化过程中各种特征发展的综合反映，城市化不仅是城市人口占总人口比重的数量关系问题，同时也是人们的生产方式和生活方式由农村社区向城市社区转化的过程，以及由此引起的各种社会后果。具有代表性的是郑杭生先生在《社会学概论（新修）》中的论述："所谓城市化的过程，就是指在一个国家或社会中，城市人口增加，城市规模扩大，农村人口向城市人口流动以及农村中城市特质的增加。"②《辞海：百科增补本》中也指出："城市化是指农村人口转化为城市人口的过程，包含城市数目的增加、城市人口在总人口中比重的增加以及居民点公用设施水平的提高、居民生活方式的改变等内容。"③ 国内学者廖跃文认为"城市化是指农村人口向城市人口转变、农业劳动方式向非农业劳动方式转变以及城市生活方式创立、采用和普及的过程"。④

　　上述三类关于城市化内涵问题的解释和表述，都不同程度地揭示了城市化的某些特征，但是并没有全面准确地阐明城市化的科学内涵，大部分还只是停留在一些有关城市化的表象认识，而且，在实际研究和论述中，"农村人口城市化""农村城市化"等概念往往错综交织，并与"城市化"概念不加区别地完全等同使用，容易引起概念上的歧义，进而使政府决策时发生失误，因此弄清楚城市化的真正内涵是具有十分重大的意义的。

---

① 范建纲. 论城市化滞后的真正含义. 云南民族大学学报（哲学社会科学版），2005（2）.
② 郑杭生主编. 社会学概论（新修）. 中国人民大学出版社，1994：399.
③ 辞海：百科增补本. 上海辞书出版社，1982：102.
④ 廖跃文. 城市和城市化：理论研究的回顾. 华东师范大学学报（哲学社会科学版），1993（4）.

城市化是一个历史过程。从有城市的时代起，就有了城市化历程。据历史学家考证，世界上第一批城市早在公元前 3500 年左右即出现在两河流域的富饶的平原地带，但是在其后 5000 年漫长的岁月中，就世界范围而言，城市的发展十分缓慢。城市化作为一个全球性的过程，实际上起始于 18 世纪与 19 世纪之交，以 18 世纪末英国城市的发展、兴旺和扩散为标志。从那时起，城市化首先在各主要资本主义国家迅速发展，进而扩展到世界其他地区。一般说来，城市化是近代工业化的直接产物，近代城市是工业革命迅速发展的必然结果。18 世纪下半叶产业革命开始后，城市的发展进入了一个崭新的时期。尤其是以机器生产力为基础的城市工业迅速崛起，大工业城市、国际贸易中心迅速扩大，新兴城市急剧增加，大批的农村人口涌入城市，促使近代城市革命。

那么到底什么是城市化呢？笔者认为城市化这个概念有几个层次上的含义。首先，它不同于一般意义上的城市发生、发展、发达，而是特指近现代随着工业经济的出现、发展、壮大，人口聚落发生的快速集聚现象。这种快速集聚的内在需求主要源于工业经济增长的集聚效益，而非传统农业社会城市发展的政治需要和单纯的消费性需求。其次，城市化同时意味着城市开始脱离过去以消费为主的寄生性地位，并开始了它以工业、商业、金融等为标志的现代经济历程。城市化的第三层含义是，城市经济开始以一种全新的内涵主导国民经济的发展与增长。如果说传统农业经济主要是以平面空间开拓增加国民财富的话，那么近现代的城市经济则是以空间集聚的方式来增加国民财富的。这个时期，尽管农业经济仍然在发展，但主导这一时代的经济力量和推动国民财富增长的基本动力已经不是农业而是工业，是城市经济而不是农村经济。这其中一个很重要的标志是国家财政收入来源的重心开始迅速向商业、向工业倾斜。这表明国民经济中的经济剩余已经越来越主要地来源于工商业而不是农业，而且剩余的总量也越来越高。

二、城市化与工业化的关系

1844 年，恩格斯出版了他的重要著作《英国工人阶级状况》，对工业革命与城市兴起作了详尽的描述。他指出:"大工业企业需要许多工人在一个建筑物里面共同劳动,这些工人必须住在近处,甚至在不大的工厂近旁,他们也会形成一个完整的村镇。他们都有一定的需要,为了满足这些需要,还须有其他的人,于是手工业者、裁缝、鞋匠、面包师、泥瓦匠、木匠都搬到这里来了。……于是村镇就变成小城市,而小城市又变成大城市。城市越大,搬到里面的就越有利……这就决定了大工厂城市惊人迅速地成长"。① 恩格斯的这段论述可以说是有关城市化与工业化关系的经典论断。

从工业化与城市化的关系上看,工业化是城市化的动力,城市化是工业化的结果。就是说,工业化是起主导作用的方面,工业化的最终结果是引起城市化,城市化是工业化的最终走向,但是工业化并不等同于城市化,在西方早发国家,工业化大大超前于城市化。例如,在法国 1856 年仅有 20 000 多的居民生活在城市里,仅占总人口的 10%,而从事制造业的人口却占 20%。1870 年德国的城市人口占总人口的数据是 12%,而从事制造业的人口却占总人口的 30%。② 城市化对工业化也具有反作用。这种反作用有两个方面:城市化或能促进工业化,或能阻碍工业化。所以以工业化程度为参照系,学者们对城市化与工业化关系的模式做出了以下几种分类。

第一,同步城市化。这是指城市化的进程与工业化发展水平趋于一致的有机城市化模式。总体上,城市化发展与经济发展呈正比例关系,城市人口的增长与城市发展相适应,与工业对劳动力的需求相协调,城市人口的增长与人均国民收入的增长比较一致,农业人口城市化的数量与经济发展提供的城市就业量大体平衡,城市化的发展与农业提供的剩余农产品基本适应,城乡二元经济结构矛盾基本消失。农业经济发展为工业化发展提供了物质条件和劳动力资源,工业化发展推动城市化进程。学者们认为这是一种比较合理的城市化道路,它能够实现城市化与工业化和社会经济的适度同步发展。

第二,过度城市化。这是一种畸形发展的城市化模式,其明显的特征是城市化的速度大大超过工业化的速度。城市化不是建立在工业化和农业发展的基础上,而是主要依靠传统的第三产业来推动城市的发展,工业化处于初级阶段,城市化质量较低。因此也有人称其为服务型城市化。有的城市人口

---

① 马克思恩格斯选集(第 2 卷).人民出版社,1972:300-301.
② M. P. 托达罗.经济发展与第三世界.印金强,赵荣美译.中国经济出版社,1992:212.

过度增长，城市基础设施建设的步伐落后于人口城市化速度，城市不能为居民提供必要的就业机会和生活条件。

第三，滞后城市化。这是指城市化水平落后于工业化和经济发展水平的城市化模式。所谓"滞后"是说城市化比例落后于工业化率，城市化的水平低于工业化和经济发展的水平。滞后城市化产生的主要原因是政府为了避免城乡对立和"城市病"的发生，采取了种种办法限制城市化的发展，结果使城市的集聚效益得不到很好的发挥，严重阻碍了工业化和农业现代化的进程及城市文明的普及。①

城市将各种经济资源集中起来，为企业提供良好的基础设施、劳动力、技术和信息等，从而促进工业化。但是，如果城市过早或过快发展，也会阻碍工业化。金德尔伯格指出："由于富裕国家城市化的历史和工业化以及经济发展进程联系在一起，因而城市化和经济发展有时就错误地被等同起来。但是只要稍加思考就会发现，没有经济发展，城市也能够大规模地迅速成长。在欠发达国家，农村的贫困加倍集中地表现在成百个百万人口以上的城市之中。"② 在这种情况下，城市发展只能阻碍工业化。关于这个问题，刘易斯也持大致相同的观点。他认为，工业化有可能受到过快的城市化的阻碍。而关键的因素是城市化的费用，就是说必须有大量资源用于城市建设，从而减少了生产性资本的支出。他认为城市化的费用中大部分是建筑的支出而不是设备的支出。的确，工厂、运输体系和其他部门都需要一些设备，但是，一般来说，有2/3的城市化费用是用于建筑，包括居住设施和其他基础设施。他指出："组织一个像样的城市所要求的人的努力是巨大的，必须建设街道，并且铺路与照明；必须修建供水系统，需要污水处理设施；要组织公共汽车交通；城市必须有食物，从远方运来谷物、土豆或肉类比较容易，而从近郊得到每日供应的牛奶或蔬菜就不容易了。"③ 如果城市化速度过快，会导致大量资源用于城市建设，而影响工业和其他部门的发展；如果在保持较高的城

---

① 以上几种有关城市化模式的讨论可以参见林光等著. 成功与代价——中外城市化比较新论. 东南大学出版社，2000：18－19. 范建纲. 论城市化滞后的真正含义. 云南民族大学学报（哲学社会科学版）.2005（2）. 康绍帮，张宁等编译. 城市社会学. 浙江人民出版社，第292页.
② ［美］金德尔伯格. 经济发展. 上海译文出版社，1986：295.
③ ［美］阿瑟·刘易斯. 经济增长与波动. 华夏出版社，1983：208.

市化速度的情况下，同时要保持较高的工业化速度，那么，就不得不借外债；如果不借外债，那就只能任"城市病"发展和扩大，城里人就不得不忍受拥挤、不卫生、就业不足等，那么人们不得不在工业化、城市化和"城市病"之间进行选择。

三、后发国家城市化工业化与农村
劳动力就业转移的困境

（一）工业化进程的历史分期

工业化是社会经济发展史上的一个重要阶段，是实现现代化的一个重要标志，实现工业化需要一个很长的历史时期。如果把 18 世纪 60 年代英国的产业革命的发生作为工业化阶段的开始，那么可以把整个工业化过程分为早期、中期和晚期三个历史阶段。

（1）早期工业化阶段（18 世纪 60 年代至 19 世纪 50 年代）

18 世纪 60 年代，以蒸汽机为代表的一系列工业机器的发明和使用，标志着英国工业革命，亦即早期工业化阶段的开始。在这一阶段的初期，农业在国民经济中仍占主导地位，此后劳动密集型的轻纺大工业逐渐取代农业成为国民经济的主导部门。伴随着工业部门的扩张以及农业生产技术的进步，农村劳动力在工业的拉力以及农业的推力的双重作用下，向工业部门转移，进而促进工业部门的集聚，而推动了城市化进程。英国在 18 世纪末，美、法、德在 19 世纪 60 年代相继完成了这一阶段。

（2）中期工业化阶段（19 世纪 60 年代至 20 世纪 50 年代）

这一阶段以电的发明和广泛使用以及钢铁、机械、电力、化工等现代产业部门的确立为标志。科学技术迅速推广到各个经济领域，机器生产成为社会生产的普遍形式，手工劳动基本为机器生产所取代。在这一阶段中，制造业成为国民经济的主体，资金密集型的重化工业取代早期工业化阶段劳动密集型的轻纺工业成为国民经济的主导产业。这一阶段是生产手段彻底改造的时期，农业比重下降，服务业比重上升，劳动力相应地从第一产业向第二、第三产业转移英国在19世纪60年代，美国在19世纪末完成了这阶段。这一阶段在工业化的推动下，城市的服务化功能日益明显。

（3）晚期工业化阶段（20世纪50年代至90年代）

这一阶段始于战后新科技革命的兴起，新科技革命以原子能的使用、电子计算机和空间技术的发展为主要标志。这一阶段是向现代化社会过渡的阶段，产业结构的特点主要是第一产业比重日趋缩小，第二产业比重下降，技术密集型的新型产业取代资金密集型的传统产业成为主导产业，第三产业的比重大幅上升。欧美发达国家在第二次世界大战后相继进入了这一阶段。

以上三个阶段的划分，它的理论依据实际上是以生产领域的技术变革为依据的，每一次的生产领域的结构调整都伴随着技术类型的升级换代。伴随着第一次工业革命的来临，开始了人类历史上的工业化的进程。最初的工业化是从纺织部门开始，纺织工业部门的最大优势是劳动密集型的可以吸收更多的劳动力，因此它有利于农村劳动力的转移。第二次工业革命的浪潮出现在19世纪末20世纪初，它的主要物质技术基础是电与钢铁。由内燃机和电动机带动的"电工技术革命"与第一次工业革命相比，在更大范围内推进了工业化的进程。尽管比较而言，前两次工业革命的技术变革都是在工业发展的动力上的变革，在某种意义上从资源配置上来看，他介于劳动密集型和技术密集型的中间结构类型。因此尽管资本主义发展过程中的危机不断，但是在推进城市化进程的进程中所呈现出的仍然是工业化与城市化的同步进行，在吸纳农村剩余劳动力这一问题上虽有结构性失业的存在，但是日渐完善的资本主义市场的调节功能能够使这些矛盾逐渐趋于缓和，特别是第二次世界大战前，由于经济危机的打击，各国都增强了政府对经济的宏观调控职能。也就是说在早发国家中，其城市化、工业化以及农村劳动力的转移进程是相对协调而紧密一体的。

第三次工业革命的浪潮发生在20世纪40～50年代，新的物质技术的基础是石油能源、人工合成材料、微电子技术，高科技、新能源、新原材料与人工智能相结合，使科学技术转换成直接的生产力，从而使早发国家经历了战后20年的黄金发展时期。在那里，第二产业向第三产业（服务业）迅速转换；生产的高科技化、专业化与多样化同时提高；并已经形成以资本密集、技术密集、资源密集、劳力节省、大众消费、福利主义为特征的发达资本主义工业文明。[①]

（二）后发国家工业化技术类型选择

通过以上的分析我们知道，在工业化发展过程中，通常有三种类型的技术选择。一种是劳动使用型的，一种是资本使用型的，另一种则是中性的。劳动使用型技术是指在这种技术结构下，产品中劳动的要素强度大于其他要素；资本使用型技术是指在这种技术结构下，产品中资本的要素强度大于其他要素；中性技术是指不改变生产中要素比例或要素强度对比的技术。技术类型的选择通常是根据要素的相对价格做出的，即选择那种节约相对价格高的要素的技术或使用那些相对价格低的要素的技术。"发展中国家劳动供给丰富而资本稀缺，如果市场机制发挥作用的话，劳动力相对价格应该低廉，资本的相对价格则应昂贵，从而诱发出适用的技术结构——劳动密集型技术结构。"[②] 但是，随着战后民族国家的先后独立，他们面临的却是第三次工业浪潮的兴起和第三次新的技术革命，为了复兴国家和维护民族独立，他们急于实现自己的工业化和现代化，可以说后发展中国家一经独立便开始了"齐头跑步奔向现代化"的进程。[③] 为此后发展国家在出售自己廉价的初级农产品的同时，从国外购回自己发展工业和所需要的机器设备，而此时，由于第三次技术革命的兴起，工业化的特征已经变为资本与技术密集型的主要发展方向。为了实现赶超战略，后发国家往往从西方国家引进那些排挤劳动的资本和技术密集型的设备和技术。国际劳工署的经济学家凯思·马斯登举了一个令人震惊而又具有典型意义的例子：某国建立了一个塑料鞋厂，花了10万美元进口两台昂贵的塑料成型设备，制鞋用的聚氯乙烯原料也要进口。整个工厂雇用40名工人，每年生产约150万双塑料凉鞋。这种凉鞋销路很好，很快就在市场上取代了本地生产的皮鞋制造商，获利丰厚。然而，与此同时，

---

① 罗荣渠. 现代化新论（增补本）. 商务印书馆，2004：149.

② 蔡昉. 中国的二元经济与劳动力转移——理论分析与政策建议. 中国人民大学出版社，1990：22.

③ 罗荣渠. 现代化新论（增补本）. 商务印书馆，2004：142.

5 000 名制造皮鞋的鞋匠的生意却越来越清冷，最后连同向他们提供皮子、工具、鞋里子、鞋带的人一起变成失业者。结果是引进这种新技术创造了 40 个就业机会却使大约 8 000 人失去原来的工作。①

（三）技术类型的选择与农村劳动力就业转移的困境

劳动力转移是指劳动力的职业变动，即由农业部门转入非农部门，特别是工业部门就业，它是工业化的直接结果。也就是说，农业劳动力转移，在严格意义上讲，是指农业劳动力的产业转移，是农民身份的彻底置换，是农民市民化的一种体现。农民一旦从农业转移到二、三产业从事劳动，也就意味着其农民职业身份的转变。在近代史上，伴随着第一次工业革命的来临，开始了人类历史上的工业化的进程。最初的工业化是从纺织部门开始，纺织工业部门的最大优势是劳动密集型的，可以吸收更多的劳动力，因此它有利于农村劳动力的转移。

在资源再配置中，劳动力再配置及劳动力转移具有重要意义。事实上的劳动力转移，即劳动力持续或长期地从农业部门转入其他非农业生产部门，是工业化过程的主要特征。决定劳动力转移的因素，主要是资本的数量和构成、劳动力的数量，以及技术进步等。首先，工业资本的数量或规模是决定劳动力转移的最直接因素。在资本—劳动比率不变的情况下，工业资本数量越大，增长得越快，对劳动力的吸收，从而劳动力的转移也就越快。但是由于在资本积累的过程中，总是伴随着资本构成的变化，而资本构成提高的速度与劳动力转移的速度成反比。资本构成的提高是由技术进步的速度和类型决定的。技术进步对劳动力转移的影响是多重的，一般来说，那些节省资本，或者说是倾向于劳动密集型的技术进步，有利于扩大就业和劳动力转移；相反，节省劳动的，或者说倾向于资本密集的技术进步，不利于扩大就业和劳动力转移。因此尽管发展中国家的工业化进程已经开始，但是为了实现赶超战略，后发国家在最初实施工业化战略时，并没有引进那些可以吸纳更多劳动力的中间技术，而是引进了那些排斥劳动力的高端技术，因此，后发国家

---

① ［英］保罗·哈里森. 第三世界——苦难、曲折、希望. 新华出版社，1984：190.

的工业增长，在吸纳过剩的农业劳动力上作用有限。相反由于技术和资本密集型工业的发展同时也"挤出"了大量的城市失业人口。这就使得后发国家在劳动力资源再配置过程出现政府失灵的情况，一方面，在农村衰败的驱使下，在城市预期收入大于乡村实际收入的心理的驱动下，而不断外迁到城市找工作的农民，另一方面，却存在大量因技术密集型工业的发展而不断遭到排斥而失业的城市人口。

按照刘易斯的观点，不发达经济是有两个部门组成的：一个是传统的、人口过剩的农村生计部门，其特点是边际劳动生产率为零，因此劳动力从农业部门中撤出而不会给生产产出带来任何损失；另一个是劳动生产率较高的现代城市产业部门。劳动力转移和现代部门就业的增加都是由现代部门的产量扩大引起的。尽管刘易斯两部门发展理论在内容上很简单而且与西方的经济增长的历史实践相一致，但是却与发展中国家的情况不符合。这是因为刘易斯模型暗含的假设是现代部门的劳动力转移和就业创造的速度与现代部门的资本积累率是成正比的。资本积累速度越快，现代部门的增长率越高，创造新职业的速度也就越快。但是由表4-1我们可以清楚地看出，发展中国家尽管制造业有所增长，但是每年制造业的增长速度与所带来的就业增长之间却没有成正比增长。出现这一现象的一个重要原因就是后发展国家的现代工业部门是建立在资本和技术密集型基础上，而资本与技术的密集在客观上产生的后果是排斥就业的，因此即使没有农村人口的涌入，在后发国家的城市里本来就存在着大量的失业。因此按照先发国家的发展规律，随着现代工业部门的增长，以市场的力量来进行劳动力资源的重新配置或再配置，在后发国家却出现了严重的市场失灵。

表4-1　　　　　发展中国家的工业化和就业（1963~1969年）　　　　单位：%

地区或国家	制造业每年产量的增长	制造业的就业增长
埃塞俄比亚	12.8	6.4
肯尼亚	6.4	4.3
尼日利亚	14.1	5.3
埃及	11.2	0.7
印度	5.9	5.3
巴基斯坦	12.3	2.6

续表

地区或国家	制造业每年产量的增长	制造业的就业增长
菲律宾	6.1	4.8
泰国	10.7	-12.0
巴西	6.5	1.1
哥伦比亚	5.9	2.8
哥斯达黎加	8.9	2.8
多米尼加共和国	1.7	-3.3
厄瓜多尔	11.4	6.0
巴拿马	12.9	7.4

资料来源：转引自 M. P. 托达罗. 经济发展与第三世界. 印金强，赵荣美译. 中国经济出版社，1992：212. 略有修改。

由此可见随着人口的激增，后发国家面临的主要问题就是如何为日益增加的劳动力提供就业机会。在1980年，有1/3的经济活动人口（economically active population）是24岁以下的年轻人，差不多将近一半是30岁以下的年轻人。国际劳工组织估计（1986年）在20世纪80年代的后半期，后发国家的劳动力以每年2%的速度增长，到21世纪后发国家的劳动力将是发达国家的3倍多。在1980年发展中国家的劳动力是14亿人，到2000年发展中国家的劳动力达到21亿人，到2025年，将增加到30亿人。[1] 根据另一份资料显示，从1960~1980年20年间发展中国家的人口增加了12亿，到21世纪初期这些增加的人口成为主要的经济活动人口，而这些人口由主要居住在农村地区，[2] 如何为这些成长起来的经济活动人口提供就业机会就成为发展中国家面临的主要问题。

如何为这些日益增加的劳动力提供就业机会，成为后发国家不得不面对的一大难题。在总体上而言，提供就业机会主要有三个有效的途径，一是加快农业的发展，加大农业生产对劳动力的吸收能力。但是根据发展经济学的经典理论，在土地资源一定的前提下，随着劳力投入的增加，单位土地上劳

---

[1] Dennis Rondinelli and Ronald W. Johnson. *Third World Urbanization and American Foreign Aid Policy Development Assistance in the 1990s*, Policy Studies Review, Winter, 1990 Vol. 9, No. 2, p. 250.

[2] David E. Bloom Richard B. Freeman. *The Effects of Rapid Population Growth on Labor Supply and Employment in Developing Countries*, Pupulation and development Review, Vol. 12, No. 3, 1986, p. 386.

动力的边际报酬率呈下降的趋势。也就是说农业对劳动力的吸收能力呈下降趋势，农业部门不能有效吸收农村劳动力。这一点在早发国家的发展进程中也可以得到验证。在英国农业部门雇用的劳动力的比率从 1801 年的 35% 下降到 1951 年的 5%，荷兰农业部门雇用的劳动力的比率从 1899 年的 28% 下降到 1947 年的 17%，美国由 1840 年的 68% 下降到 1950 年的 12%，日本从 1872 年的 85% 下降到 1960 年的 33%。[1] 后发国家的农业就业人口也是呈现不断下降的趋势，在 20 世纪 50 年代，在发展中国家 80% 的劳动力在农村就业，到 1990 年，农业中劳动力下降到 59%，到 2025 年农业中的劳动力份额将下降到 37%。[2] 因此随着农业生产率的提高，农业对劳动力吸纳能力的下降，后发国家农村剩余户劳动力随人口的增加而不断增长，如何为日益增长的农村劳动力提供就业机会就成为后发国家政府面临的亟待解决的难题。

第二个有效的途径是增强现代工业部门的扩张能力，使农村过剩的劳动力转移到现代工业部门中来。但是由于后发国家在工业化进程中所选择的技术类型大部分是以技术密集型为主，这种类型的工业化战略对劳动力的吸收能力有限，如大卫·马拉维兹的研究表明，在许多发展中国家，制造业产值增长三至四个百分点，才能带来一个百分点的就业增长，[3] 而且随着城市工业部门的现代结构调整，在城市中出现了许多结构性失业工人。后发国家城市里的劳动力在 1980 年时的总量为 4.09 亿，而到 2000 年时翻一番达到 8.25亿，预计 25 年后即 2025 年又将翻一番达到 17 亿。20 世纪 90 年代后发国家城市新增 2.28 亿个就业岗位，而在随后的 25 年在城市里增加 8.75 亿个就业岗位才能满足不断增加的劳动力大军。[4] 除非生产能力获得足够快的发展，在城市里创造适宜的就业机会，否则普遍的城市失业和就业不足在后发国家将会持续增加。这一点在拉丁美洲国家已经有所显现，调查表明，在拉丁美洲地区的城市中的失业在 80 年代持续增加，在玻利维亚、秘鲁、哥伦比亚的

---

[1] http://econ.lse.ac.uk/courses/ec428/L/Lanjouw.pdf. Jean O. Lanjouw and Peter Lanjouw: *Rural Non-farm Employment: A Survey*.

[2] Dennis Rondinelli and Ronald W. Johnson. *Third World Urbanization and American Foreign Aid Policy Development Assistance in the 1990s*, Policy Studies Review, Winter, 1990 Vol. 9, No. 2, p. 248.

[3] M. P. 托达罗. 第三世界的经济发展（上）. 中国人民大学出版社，1988：316.

[4] Dennis Rondinelli and Ronald W. Johnson. *Third World Urbanization and American Foreign Aid Policy Development Assistance in the 1990s*, Policy Studies Review, Winter, 1990 Vol. 9, No. 2, p. 249.

失业人口增加了50%，1984年城市中的失业人口在哥伦比亚、玻利维亚、乌拉圭、智利、乌拉圭增加了13%。国际劳工组织在1986年估计在发展中国家城市中的劳动力就业不足的比例占40%[①]

半个世纪以来，后发国家人口的社会特征发生了很大的变化，生活在城市中的人口不断增加，而后发国家城市人口增长，除了城市中自然人口增长之外，其中有60%是由于农村人口向城市流动而导致的人口增长。大量的移民涌入城市，不仅对城市的公共服务如教育、健康提出新的要求，而且对城市中的基础设施带来了新的压力，如低成本住房、供水与卫生设施，道路交通系统等。以印度为例，据印度官方统计的数据，在印度的城市里，只有85%的居民有安全的饮用水，每天可以利用不少于四小时，但是有些地区的饮用水却只能隔天供应一小时，这样许多居民被迫抽取不安全的饮用水，从而带来许多与饮水有关的疾病。只有49%的城市人口有卫生设施，其他的居民只能使用露天公共厕所，在这个国家的3 700个城市中，只有72座城市具有部分排污设施，17个拥有主要的污水处理设施。在印度的城市中每天将要产生3 900万吨的固体垃圾，其中有60%的固体垃圾不能当日清理完毕，这样导致大量的堆积的垃圾在公共场所腐烂而对公共健康带来严重的威胁。除非有大量投资用于改善城市基础设施和人们的生活环境，大多数的印度城市都将面临严重的危机。[②] 根据印度第九个工作计划估计，用在城市住房上的投资资金在今后五年中需要528亿卢比，在未来的十年中，印度每年用在城市供水，卫生设施以及道路兴修上的资金大约是280亿卢比。中央公共健康环境工程组织估计，为了给全部城市居民提供安全的饮用水及卫生设施大约需要17 290亿卢比的资金投入，印度铁路技术和经济服务部估计，为了给城市中的每10万人提供交通基础设施，在未来的20年中将需要20 700亿卢比的资金。除此之外，中央、各邦级地方政府的预算以及用在住房饮水卫生以及运输上的开支每年大约需要800亿卢比。[③] 正如前文所述，后发国家短缺的资源主要是资本，当把大量的资本用于城市基础设施建设满足日益增加的

---

① Dennis Rondinelli and Ronald W. Johnson. *Third World Urbanization and American Foreign Aid Policy Development Assistance in the 1990s*, Policy. Studies Review, Winter, 1990 Vol. 9, No. 2, p. 250.

②③ P. G. Dhar Chakrabarti. *Urban crisis in India: new initiatives for sustainable cities* Development in practice, Volume11, Numbers 2&3, May 2001.

城市人口的需求时，必然影响到各国经济发展。各国政府虽然有决心应对日益增长的需求，城市管理机构也难以应对如此艰巨的任务。

纵观欧洲的发达国家的早期工业化的历史，我们可以发现"欧洲发达国家在 1880～1900 年，工业对农村剩余劳动力的吸收率约为 80%。而在发展中国家，由于人口增长率通常要比早期工业化国家在起飞前后的人口增长率高 3～4 倍，因此这些国家在 1950～1960 年，的农村剩余劳动力的吸收率仅为 30% 左右。从发展中国家制造业部门对农村劳动力的吸收情况看，1920～1950 年，这个部门对农村劳动力的吸收率为为零，1950～1960 年的吸收率不超过 10%，而 1960～1970 年这一指标也不超过 10%～12%。"① 因此短时间内，寄希望于城市现代工业部门对劳动力的吸收能力提高，解决劳动力转移就业问题，对大部分后发国家而言，可以说是任重而道远。如何为日益增加的劳动力大军提供新的就业机会，这就需要寻求新的路径，培育新的就业增长极。

吸纳农村劳动力的第三个有效途径就是实现农村劳动力就地转移的非农就业模式的扩张。目前这一扩大农村劳动力就业转移和促进农村就业增长的途径日益受到后发国家的政府和世界银行以及国际劳工组织等国际组织的重视，这是笔者后续所要阐述的问题。

---

① 保罗·贝罗赫. 一九〇〇年以来的第三世界的经济发展. 上海译文出版社, 1979：230－231.

第五章

发展农村非农经济增大农村劳动力
转移的载体的探索

一、农村非农经济的概念界定及
农村非农经济的收益

（一）农村非农经济的概念

农村非农经济类似于我国学者所使用的乡镇经济的概念，但是两者又不完全相同，非农经济的概念从内涵和外延上看，要大于中国学者所使用的乡镇经济概念。对于农村非农经济的概念，不同的学者给出了不同的定义。如有的学者直接给出了农村非农经济的笼统概念，非农经济部门就是指除了农业、牧业、渔业之外的所有经济活动。① 马特（U. Marter）和万奇尼德（T. Wandschneider）认为农村非农经济是指除了第一产业部门的农业、林业和渔业之外的所有经济活动，他们认为界定非农经济活动的主要标准是：这种活动是否给该产品带来了新的附加值，而不考虑这种产品是否是由农业生产所得。例如，在出售之前清理谷物可以使谷物的价格比未清理的谷物的价格更

---

① http://econ. lse. ac. uk/courses/ec428/L/Lanjouw. pdf. Jean O. Lanjouw and Peter Lanjouw：*Rural Non-farm Employment*：*A Survey*. p. 4.

高，那么清理谷物的活动就是一种非农经济活动。费雪（Fisher）和马汉贾（Mahanjan）把非农经济活动进行了分类，主要包括以下类别：农产品加工、商业活动、采矿、以农户和非农户为基础的制造业、修理业、建筑业、贸易、运输和其他服务业等。[①] 哈泽尔和里尔丹（Peter Hazell and Thomas Reardon）则做了更加细致的划分，他们认为，农村非农经济包括除了农业生产活动之外的所有农村经济活动，它包括自我雇佣（自谋职业的同义语），雇佣劳动者（wage earned），兼职的、全职的、正式的、非正式的、季节性的以及兼业形式的非农业生产活动。由于非农活动可以发生在家里、工厂里，也可以在街头流动巡回。所以它包括不同技术水平的大大小小的各种活动。根据国际标准工业分类法，农业包括所有未经加工的植物和动物性生产，如农作物、水产养殖业、饲养业、林业、渔猎业以及林木业。因而非农经济就包括除以上所列之外的所有经济活动，包括：矿业、制造业，建筑业、商业运输业、金融业和个体服务业。农产品加工业及通过磨制、包装罐装或者运输等形式。把农业原材料进行加工，这种形式仍然是非农经济活动的主要形式。[②]

在过去几年里，人们对农村经济的概念的理解日益达成了共识，农村经济不仅仅是单指农业经济，它包括在农村从事的所有的经济活动，而农村经济收入也不仅仅限于农业生产部门所得，而应包括在农村通过生产活动所得的收入。这样农村经济活动可以分为农业经济和非农业经济，而非农业经济应该界定为在农村通过工资所得或自我雇佣所得除了农业收入以外的所有经济活动，它包括制造业、小企业，为贸易而进行的经济作物的种植。农村非农经济存在着很强的异质性。它不仅包括工资收入也包括自我雇佣（即自谋职业）的收入所得以及贸易活动等。[③] 从空间上来看非农经济既可以发生在城市里，也可以发生在乡村，而我们在这里的非农经济主要是指在农村地域

① http：//www. nri. org/rnfe/pub/papers/2770. pdf. *India：Policy Initiatives for Strengthening Rural Economic Development：Case Studies from Madhya Pradesh and Orissa India.*

② http：//www. ifpri. org/divs/eptd/dp/papers/eptdp92. pdf, Steven Haggblade, Peter Hazell, *Strategies For Stimulationg Poverty-Alleviating Growth In The Rural Non-farm Economy in Developing Countries*, p. 3.

③ http：//www. passlivelihoods. org. uk/site _ files% 5Cfiles% 5Creports% 5Cproject _ id _ 14% 5CConceptual% 20Issues% 20in% 20Analysing% 20the% 20Rural% 20Non-farm% 20Economy% 20in% 20Transition% 20Economies% 20Report _ W0050. pdf, Junior Davis：Natural Institute Report No. 2635 Research Project V0135 *Conceptual issues in analyzing the rural non-farm economy in transition economies*, August 2001, p. 5.

范围内进行的非农性质的经济活动，它包括农村制造业、农村服务业、农村建筑业等。而农村制造业又可以分为传统农村制造业，即传统的农村工业和现代农村制造业，即现代的农村工业。对于农村的定义各国均有不同，但是就普遍意义而言，国际上比较通行的有关农村的定义是，居住人口的数量在5 000 以下的生活比较分散的地域，可以称之为农村。[①] 1929 年出版的美国社会学家索罗金和齐默尔曼的《农村·城市社会学原理》中提出的城市农村两分对比法，从八个方面比较农村与城市的特征，即农村地区以农业就业者为主要居住者，城市居民以工业、商业、专门职业、官僚等非农业为主；农村以自然环境为主，城市以人工环境为主；农村社区社会范围较小，城市社区范围较大；农村人口密度低，城市人口密度较大；农村人种和社会心理的同质性高，城市的异质件较大；农村社会阶层分化小，城市分化大；农村居住者定居性强，城市人的职业移动和社会移动较大；农村社会结合紧密，城市中接触频繁但表面性强。由于产业化带来的兼业化和离农化，以及城市生活方式渗透的影响，农村地区出现了混居现象，城市与农村的界限变得模糊起来。[②]

农村非农经济的收益主要表现在两个方面，一是增加农民收入、提高农民生活水平；二是扩大农村就业，吸纳从农业中释放出来的剩余劳动力。从世界范围来看，不同地区的后发国家中，农村非农经济在吸纳农村剩余劳动力以及提高农民收入水平上都发挥了重大作用。农村非农经济占拉丁美洲全职农村劳动力就业的1/3，在亚洲占1/4，这一比例尚不包括兼职就业和在农村市镇非农部门的就业人员。如果包括市镇中的从事非农就业的人员，那么在亚洲和拉丁美洲将有40%人员在非农部门就业（见表5 - 1）。

而在农村收入中，农村非农收入在亚洲后发国家占农村全部收入的32%，在东亚占35%，在南亚的百分比是29%，在拉丁美洲，农村非农经济收入占农村全部收入的40%[③]

---

① http：//econ. lse. ac. uk/courses/ec428/L/Lanjouw. pdf. Jean O. Lanjouw and Peter Lanjouw：*Rural Non-farm Employment：A Survey*. p. 6.

② 参见李国庆. 日本农村的社会变迁——富士见町调查. 中国社会科学出版社，1999：12.

③ http：//www. ifpri. org/divs/eptd/dp/papers/eptdp92. pdf, Steven Haggblade, Peter Hazell, *Strategies for Stimulationg Poverty – Alleviating Growth in the Rural Non-farm Economy in Developing Countries*, p. 25.

表5-1 　　　　　　　　发展中国家农村非农就业的比例　　　　　　单位：%

地区	农村非农就业	妇女占全部非农就业	贸易运输业非农就业	非农服务业就业	其他非农就业
非洲	10.9	25.3	21.9	24.5	30.4
亚洲	24.8	20.1	26.3	31.5	14.4
拉丁美洲	35.9	27.5	19.6	27.3	33.5

资料来源：世界银行，http：//www.ifpri.org/divs/eptd/dp/papers/eptdp92.pdf，p.25.

下面是一组有关拉丁美洲国家农村非农收入跟踪调查的数据，通过分析表5-2中的数据，我们就可以更加清楚地看出农村非农经济在农村经济发展以及农村就业中的贡献[①]。

表5-2 　　　　　拉丁美洲地区农村非农就业人口占农村就业

人口的百分比（20世纪90年代）　　　　　单位：%

国家	调查第一年的数据			调查最后一年的数据			农村人口就业分布			
	年份	男	女	年份	男	女	年份	农业自我就业	非农自我就业	公共部门工资就业
玻利维亚				1997	18.2	15.6	1997	79.9	7.9	2.4
巴西	1990	26	47.1	1997	23.7	30.1	1996	63.8	6.6	4.4
智利	1991	19.4	67.2	1998	25.9	65.1	1996	26.6	7.0	3.6
哥伦比亚	1991	30.9	71.4	1997	32.9	78.4	1997	25.0	20.1	
哥斯达黎加	1990	47.8	86.8	1997	57.3	88.3	1997	11.3	13.9	9.0
萨尔瓦多				1998	32.7	81.4	1997	28.1	17.0	3.1
洪都拉斯	1990	18.6	88.0	1998	21.5	83.7	1997	41.6	21.0	3.4
墨西哥	1989	34.7	69.1	1996	44.9	67.4	1996	28.6	18.1	6.4
巴拿马	1989	25.0	86.1	1998	46.5	93.2	1997	33.4	18.2	10.1
多米尼加共和国				1997	54.8	92.4	1997	28.5	22.5	10.3
危地马拉	1990	33.9	78.2	1994	35.4	87.2	1994	29.7	15.1	7.4

表5-2总结了在20世纪90年代能够获得的拉丁美洲国家农村非农就业的数据，由表可以看出，智利、哥伦比亚、哥斯达黎加、洪都拉斯、墨西哥、

① Thomas Reardon. *Rural Non-farm Employment and Incomes in Latin America*：*Overview and Policy Implications*，East Lansing，USA，World Development，Vol29，No.3，p.399，2001.

巴拿马以及厄瓜多尔的非农就业人数无论是在绝对条件下还是相对而言其发展速度都是十分迅速的。在所列的 11 个国家中，有 9 个国家的农村妇女从事非农就业的比例在 65% ~ 93%。

表 5 – 3 给出了拉丁美洲地区 12 个国家的农村非农收入所占全部农村收入的比例情况，在整个 90 年代，这 12 个国家的农村非农收入的百分比平均为 46%，同期亚洲的非农收入为 35%，而非洲为 45%。①

表 5 – 3 20 世纪 90 年代拉丁美洲农村非农就业收入占农村全部收入的百分比 单位：%

国家	调查年份	非农收入所占全部收入比
巴西	1997	39
智利	1997	41
哥伦比亚	1997	50
哥斯达黎加	1998	59
厄瓜多尔	1995	41
萨尔瓦多	1995	38
海地	1996	68
洪都拉斯	1997	22
墨西哥	1997	55
尼加拉瓜	1998	42
巴拿马	1997	50
秘鲁	1997	50

资料来源：Thomas Reardon. *Rural Non-farm Employment and Incomes in Latin America*: *Overview and Policy Implications*, Michigan State University, East Lansing, USA, World Development, Vol. 29, No. 3, 2001 p. 403.

由表 5 – 3 可以看出，非农就业收入在拉丁美洲各国农村中占有非常重要的地位。大部分国家的非农收入占农村人口全部收入的一半以上。根据另外一份调查显示，在墨西哥，非农收入占农民的总收入的比例大约为 55%，大约 73% 的农户的一半以上的收入来自于非农活动。在尼加拉瓜，土地较少的农户的收入中有 61% 来自于非农活动，巴拿马是 61%，智利是 67%，厄瓜多

---

① Thomas Reardon. *Rural Non-farm Employment and Incomes in Latin America*: *Overview and Policy Implications*, Michigan State University, East Lansing, USA, World Development, Vol. 29, No. 3, 2001, p. 402.

尔是86%。①

费雷拉和兰乔乌（Francisco H. G. Ferreira and Peter Lanjouw）在巴西所作的调查显示，非农就业和非农收入对巴西的农户发挥着重要的作用。当农业就业能力在1981～1995年处于停滞时，非农就业就整体而言增长了25%，平均年增长率为1.7%。发展最快的区域是东南部和中西部。增长最快的非农就业是自我就业，年增长率为5.3%。在巴西东北部农村从整体上来看，农业收入占农户收入的58.3%。而农业劳动力只占农村劳动力的8.3%。非农收入占整个农户家庭收入的33.4%。②

哈泽尔和哈布拉德（Hazell and Hagblade）在1991年对印度的研究中得出结论认为，非农经济收入占印度农户全部收入的25%～35%，同时给农户提供了20%～25%的就业机会。沃克尔和瑞恩（Walker and Ryan）在1990年的研究中认为，在1971～1972年和1981～1982年的两个区间内，印度农户实际收入的增加有70%是来自于非农收入。费雪（Fisher）认为非农就业对于农村中的小农、边际农（占有不到一亩土地的农民）以及无土地者来说是一个重要的就业机会，因为他们很难在农业中获得足够的收入。同时他认为农村非农就业的收入所得是农户的一个重要的经济保障，特别是在农业灾荒年里。他们估计无地者和边际农（拥有不到半顷土地的小农）每年将把他们的劳动总量50%用在非农经济活动中。③

但是这样一个为农村劳动力提供了广泛的就业机会和收入，并为农村发展提供广阔前景的部门却一直处于被忽视和不重视的状态。这种状况出现的原因部分是由于受到传统的发展经济学家两部门理论的影响，他们认为在发展中国家存在着两种经济结构，一是传统的农业部门，二是现代工业部门。在这一模式下，他们设想现代工业部门将有能力成功地吸收农村过剩的劳动力。而且二元经济模型把传统部门包括非农经部门，看作停滞的和孤立的；

---

① http：//www. aguabolivia. org/analisisX/international/bid/rur_AJanvry_e. pdf，p. 6.

② http：//www. econ. puc-rio. br/pdf/td428. pdf，Jean O. Lanjouw and Peter Lanjouw Yale University and The World Bank *Rural non-farm employment*：*a survey*，p. 15.

③ http：//www. passlivelihoods. org. uk/site_files% 5 Cfiles% 5 Creports% 5 Cproject _id_14% 5 CThe% 20 Rural% 20 Non–Farm% 20 Economy% 20in% 20 India% 20 Report_W0050. pdf，Junior Davis：Natural Institute Report No. 2635 Research Project V0135，*Conceptual issues in analyzing the rural non-farm economy in transition economies*，August 2001，p. 5.

认为非农经济部门和农业部门一样，并不会为现代部门的发展做出什么贡献。[①] 除此之外，由于后发国家在制度设计上存在的问题使农村非农经济部门成为一个很少获得支持的边缘化的经济部门。掌管农业发展的机构——农业部在农村发展中负主要的责任，但是其全部精力都放在了农业部门特别是农业生产、农业研发和农业扩张上，很少关注农村非农产业的发展；主管工业和商业的部门通常把目光聚焦在城市中心的工商企业或者是与国际贸易相关的大的工商企业的发展，而不是去关注分散的农村非农微型产业。即使是像印度这样的国家，尽管关注乡村非农产业的发展，但是其目光也主要锁定在农村工业、农村制造业的发展，而忽略了农村其他非农产业的发展。

直到20世纪70年代晚期，农村非农部门的经济活动的重要性才逐渐得到了较好的认识。由于在许多发展中国家存在着日益增加的严重失业问题和贫困，在人口大量增长，劳动力大军不断增加而可耕地的获得不断减少的情况下，农业部门在为日益增加的劳动力提供更多的就业机会和维持农村人口的生计水平这一问题上面临着日益严峻的挑战。即使在农业经济增长较快的地区，农业的进一步发展也很难具有创造更多的就业机会来满足日益增长就业压力。而城市中的现代工业部门本身也在经历着结构调整，很难为农业部门释放出来的劳动力提供就业机会。这就需要开拓非农经济活动的领域促进农村经济发展，为农村劳动力提供新的就业机会，为此后发国家的政府开始日益重视非农经济在增加农民收入和促进农民内生性就业中的作用，对非农经济的发展采取了一些积极的支持和激励政策。

二、政府在发展农村非农经济中的探索

（一）加强对农村非农产业的开发管理和服务

由于部门分割造成了非农部门在国家治理上的边缘化，为了改变这种局

[①] http://www.developmentfirst.org/india/planning_commission/special_study_reports/nonfarm_eco_ruraldev.pdf, G. S. Mehta：Non-farm economy and rural development.

面，促进非农产业的发展，从 20 世纪 70 年代开始，许多后发国家进行了多种努力，首先在制度上对非农经济部门提供保障，在这方面的第一个尝试就是设立农村开发部，农村开发部建立在工商部和农业部之上，协调多个部门的行动，为农村非农部门的发展提供相应的保障，采取这一措施的国家如韩国、印度等国。为了促进农村非农经济的发展，他们在总统府和首相办公室设立了一个专门的机构——农村开发部；在非洲的博茨瓦纳，还设立了协调财政部和计划开发部的行动的农村一体化开发协调部，由副总统亲自领导。在韩国，20 世纪 70 年代随着农村新村运动的开展，也设立了协调农村各部门发展的农村开发局，负责农村地区的开发和增强对农村地区的管理。除此之外，许多后发国家为发展农村非农经济实现农民富裕，扩大农业部的职能范围，农业部门的主要关注点是农业的发展农产品增收，以及农业技术的进步，由于其主要关注点在农村地区，因此为了发展农村非农部门，在一些国家纷纷扩大了农业部门的职能范围，如在巴西和智利，农业部门成为非农经济部门发展的主要主管部门，在农业部的推动下，巴西和智利不断增加对小规模非农产业部门的投资，使其不断市场化，增加农产品加工业的附加值。

政府展开对农村非农经济的服务，加强农村非农部门与城市地区的大企业的联系。尽管农村非农产业大多数是比较小的，雇佣工人人数往往在 5 人之下，大企业通常在农产品加工出口贸易活动中占有重要地位。在许多情况下，大企业在地区供给链条上占有重要的战略地位，因此他们往往主导着小企业的成长前景，关系着小企业的生存命运。有些时候，大企业直接与小的非农产业进行竞争；而有时候，小的非农产业成为大企业的有力补充。大企业可以促进小企业的发展，如大企业可以为非农产业提供改良的技术、主要的生产投入品，如泰国北部的纱线商在新兴的专业化纱线生产者与大企业之间建立的联系，使泰国北部的纱线生产走向出口市场。但有时大企业对小的非农的产业却带来巨大的威胁。如在智利、阿根廷、巴西的大型奶牛场的建立以及连锁经营对部分小奶牛业带来了毁灭性的冲击，在那里成千上万的小奶牛场在过去的几十年里不断关闭。20 世纪 80 年代以来在印度尼西亚大规模的磨米工厂的出现使得许多农村妇女手工磨米业不断倒闭。更有甚者，一些大的食品零售企业如超级市场的触角已经深入中小城市甚至农村的市镇，从而使农户的零售店不断关闭。因此，为了保护这些幼小的产业部门，需要政府采取一定的政策和制度安排。目前在许多后发国家政府相关部门的协调和支持下，大企业与农村非农产业之间往往采取转包合同的方式进行合作，这一方面可以节约大企业的经营成本，另一方面可以协调大企业与小企业之间的竞争关系，形成共赢互利机制。

（二）提供资金扶持

非农经济在不同的国家和地区处于不同的发展阶段，即使在同一个国家和地区，由于经济发展区域之间的差异性的存在，也存在着严重的不平衡。在一些国家的部分地区，由于受到气候、资源以及其他自然禀赋的束缚，非农经济还处于传统阶段，主要在家庭内以农业生产为基础展开，如从事一些传统的农产品加工等劳动密集型的非农产业活动，由于受到资金和技术的限制，他们只能从事一些低投入、低收益的非农活动，这些非农产业所得只能作为农户经济收入的一种补偿，而不能使之通过非农经济活动摆脱贫困的束缚。农村无地者以及土地较少的农户往往主要依靠非农收入作为他们生活的主要来源。据调查，那些只有不到半公顷土地的农户的收入中有将近1/3甚至90%是来自于非农收入。困扰这些贫困农户从事非农产业的主要"瓶颈"是缺少资金，而且由于人力资本的不足、资金不足以及市场不足这些都阻碍了他们从事较多收益的非农经济，只能从事一些低生产率、低收益、低市场份额的非农产业，这使得他们很难摆脱贫困的生存状况，非农经济成为他们维持生计的一种手段，而不能成为他们走向富裕的途径。在非农产业收入分配中存在着严重的不平等，那些受教育程度较高的农户往往从事那些能够带来较高收益的非农产业，而那些受教育程度较低的缺少资本投入的农户的从事非农产业的所得往往只够维持生计。因此他们更需要启动资金教育培训以及其他的公共服务设施如交通、电力和其他信息以及如何进入充满活力的非农产业市场。

为了帮助贫困农户，发展非农产业，使之通过非农产业的兴办而走向富裕，许多后发国家的政府纷纷采取了无须抵押的小额贷款的方式对从事非农产业活动的贫困农户进行资金扶持。在20世纪50年代，墨西哥、阿根廷和危地马拉政府先后采取财政支持项目来支持农村非农经济的发展。在20世纪

60 年代，巴西、智利和哥伦比亚开始采取同样的办法扶持农村非农经济的发展。亚洲的一些国家如印度尼西亚、日本、孟加拉国、菲律宾等国家也采取小额贷款方式扶持非农产业的发展。这些国家的银行在政府的支持下采取各种方式对处于弱势的农户进行贷款扶助。如在孟加拉和泰国采取的以户为单位的联保模式，菲律宾实施的国家与非政府组织的合作模式，在日本实施的政府直接贷款模式等，这些小额贷款的主要对象是农村中的贫困者，他们没有财产进行抵押贷款，通过小额贷款可以使他们无须贷款抵押担保就可以获得一定数额的贷款，从而降低了农户获得贷款的准入门槛。在其中比较成功的是在孟加拉国实施的乡村银行，即 Grameen Bank 计划。

孟加拉国的乡村银行即 Grameen Bank，简称"GB 模式"。起源于对传统经济学和银行业所提出的消除孟加拉农村绝对贫困办法的不完善的改进，其创立者是孟加拉国吉大港大学经济学系教授穆罕默德·尤诺斯博士。1976年，尤诺斯发起了一个行动兼研究项目，以探讨穷人能够获得金融信贷服务的途径。他认为，如果无地者以适宜的和合理的条件获得资金来源，那么千百万无足轻重的人们在实现千百万微小追求的过程中势必有助于创造伟大的发展奇迹。1976～1979 年，这一项目首先在吉大港地区的乔布拉村和邻村实施并获得成功。1979 年后，该银行与政府进行合作，国家占有该银行的 60%股份。在全国的商业银行和农业银行的支持下，尤诺斯将这一项目向全国地区推广。迄今为止，孟加拉国的乡村银行已经形成一套行之有效的贷款政策。在贷款的对象上，孟加拉的乡村银行的服务对象是真正意义上的穷人。能够有资格取得乡村银行贷款的成员家里拥有的土地少于半英亩（3 市亩），或者家中拥有的财产不超过与一英亩土地财产相等值的农户，提供贷款的成员只限于一人。在贷、还款期限上规定，贷款期限为一年，每月还一部分钱，年底连利息一并还清，来年再借。在贷款的使用上，乡村银行的贷款仅资助生产性项目，特别是非粮食生产的各类小型生产项目，主要是小手工业项目或副业项目。其中 2/3 以上是小加工工业与小型贸易活动。在抵押政策上，乡村银行的贷款不需要抵押担保，而是通过联合的团体担保，采取联户贷款联户担保的借贷款方式。具体操作办法是，需要贷款的成员每 5 个人组织起来，成为一个小组，6 个小组建一个中心。贷款发放到小组，小组长从 5 名组员中选出，负责日常事务并确立组员得到贷款的顺序，小组长最后得到贷款。

还贷中同一小组的成员负有连带责任，一个人不能正常还贷会影响到其他成员的借款。通过组织内部的互帮互助互相监督与互相担保，从而加强了贫困户对风险的承受能力。获得贷款的农户在选择贷款项目时相互咨询，在经济活动中遭到困难时能够获得其他成员的帮助，同时，当组内成员违反小额信贷规定时，其他成员有义务对其劝说，以形成成员间的压力。正是这种集体行动的力量使得乡村银行的还贷率一直保持良好。除了给贫困农户提供贷款以外，乡村银行还对其进行相关的培训项目。孟加拉国的乡村银行可以说是取得了非常的成功，从 1976 年开始试验，1983 年正式成立到 1998 年，乡村银行的业务已经涵盖了超过全国一半以上的村庄，有超过 330 万的贫困家庭从乡村银行中借款，共贷出款项总额为 6 240.70（百万）达卡（孟加拉货币单位）乡村银行的还款率达到 97% 以上，96% 以上的借款者为妇女。为促进农村非农事业的发展做出了卓越的贡献。①

（三）建立工业园区使非农产业走向积聚

产业集聚这一概念并没有统一的定义，在广义上来看，积聚是指将某些地方性的经济活动加以集中，集聚之所以如此吸引政策制定者的目光，是因为集聚的优点，如在理论上认为，积聚可以产生正的外部性，降低交易成本，方便厂家采取集体行动等。产业集聚可以使企业特别是可以促进非农产业的中小企业的增长机会和企业的升级换代，而且集聚在一起的小企业在市场中可以扮演重要的角色，增强企业的竞争力，产生规模效应。经验事实也表明，非农的产业聚集特别是一些有着共同特点的传统的非农企业和劳动密集型企业聚集在一起，可以产生更大的规模效应。后发国家的政府往往通过采取一些计划或者直接采取一些项目来支持农村非农经济的发展，但是由于农村非农企业的分散性，而且非农企业的数额十分巨大，使得支持非农企业发展的项目和计划在实施的过程中成本较高，因此一些国家采取建立工业园区的办法，使企业走向集聚，一方面便于政府的集中管理和扶助，同时可以使这些比较小的非农企业集聚起来，更好地利用规模集聚效应，从而降低交易成本。

---

① http：//www.itcltd.com/microleasing/docs/a-dowla.pdf，Asif Ud Dowla，*Micro Leasing*：*The Grameen Bank Experience*，p.1.

规模集聚同时可以使非农企业集聚地区成为经济发展的新的增长极，带动当地整个地区经济的发展，发挥区域经济的作用。即使在农村地区，积聚也可以带来一定的比较优势，如泰国北部的丝绸生产，印度一些村庄的养蛇业，其他一些村庄的珠宝加工业。调查显示在印度尼西亚有 4 400 个非农产业的集聚点，如农村纺织业，农村砖瓦生产、制革业、制鞋业以及金属加工业等。① 印度在 20 世纪的 70 年代和 80 年代曾经采取政策，建立工业园区，使农村非农经济走向集聚。泰国在 20 世纪 80 年代调整包括农村工业在内的国民经济布局，发展中小型工业与农村工业。计划在北部、东北部、南部和东部四大地区建立 5 个工业区，（清迈—达府—南奔工业区、呵叻—沙耶武里工业区、孔敬工业区、宋卡—合艾工业区及春武里工业区），以这些工业区的城市工业中心带动附近中小型工业和农村地区开发。当局规定内地各府的工业企业应使用当地的原料，雇用工人当地人要占半数以上。②

（四）提供公共物品、完善基础设施的建设

公共物品之所以被称为"公共的"，按照澳大利亚学者休·史卓顿和莱昂内尔·奥查德的说法"是因为他们如果不能使每个人都得到，就不能被供给到任何人，而且不能使它们的单个使用者支付其费用；其次，有些物品，他们可以却很少向每一个使用者收费，最后有些物品，它们能很好地按市场价格供给，但是许多政府选择免费或者以低费用供给部分公民或全部公民"。③ 斯蒂格勒兹认为："公共物品是这样一种物品，在增加一个人对它分享时，并不导致成本的增长，对它的消费是非竞争性的，而排除任何个人对它的分享都需要花费巨大的成本。"④ 世界银行的《1997 年世界发展报告》中指出："公共物品是指非竞争型和非排他性的货物，非竞争性是指一个使用者对该物品的消费并不减少它对其他使用者对该物品的供应，非排他性是

① http：//www. ifpri. org/divs/eptd/dp/papers/eptdp92. pdf, Steven Haggblade, Peter Hazell, *Strategies for Stimulationg Poverty-Alleviating Growth in the Rural Non-farm Economy in Developing Countries*.

② 吴志生主编. 东南亚国家经济发展战略研究. 北京大学出版社，1987：97.

③ ［澳］休·史卓顿，莱昂内尔·奥查德. 公共物品、公共企业和公共选择——对政府功能的批评与反批评的理论纷争. 费昭辉等译. 高鸿业校. 经济科学出版社，2000：67.

④ ［美］斯蒂格勒兹. 经济学. 人民大学出版社，1997：147.

指使用者不能被排除在对该物品的消费之外。这些特征使得对公共物品的消费进行收费是不可能的，因而私人提供者就没有提供这种物品的积极性。"①由于公共物品的非排他性特点，使之具有一人享用并不能排除他人同时享用的特点，因此，在公共物品的使用上往往会出现免费搭车的现象，它造成了公共物品的私人供给的有限性，在这种情况下，政府成为公共物品的理想的提供者。政府除提供道路交通、电力通信等基础设施这些硬公共物品外，同时还要担负着一些软公共物品的提供，如产品的分类标准、商标的制定、公共认证制度等。目前，困扰后发国家农村非农经济发展的一个关键的"瓶颈"就是农村道路、电力、电信以及其他公共物品的提供，这些是农村非农经济创办的坚实基础。在发展中国家的一些研究表明，农村公路在改善市场机会的获得以及减少交易成本方面有着非常大的作用。在发展中国家农产品的销售费用占最终粮食价格的 25%～60%，而其中大约一半为运输成本。在尼日利亚，农产品市场的价格的 30%～40% 主要由运输成本和其他杂费组成。② 在印度全国的农村道路中，只有 60% 的是油漆路，大部分是土路，每当遭遇大雨时，经过雨水的冲刷，许多道路无法通行。而道路的改善对农村非农产业的发展却带来十分可观的收益，如有关哥伦比亚农村公路改善的研究发现，其影响不仅仅是增加了农业产量，而且增加了获得信贷资金的机会和非农就业人口，导致收入水平的全面提高。在泰国，研究发现，道路改善使得运输成本减少，这使得地方需求从一些便宜的土特产品转向工业消费品，而且，道路的改善增加了更多的非农工作岗位。③ 基础设施的重要性日益凸现，而对基础设施的建设也体现了政府的服务功能，因此各国政府纷纷采取政策或措施来改善农村道路等公共基础设施，为农村非农产业的发展创造条件，如马来西亚通过对沙捞越等边远地区的道路的开发来促进当地经济的发展，韩国通过新村运动的方式在农村进行道路兴修水利建设等公共物品的集中式供给，印度通过工作换食品等就业计划，以工代赈来促进农村地区基础设施建设。

① 世界银行. 1997 年世界发展报告：变革世界中的政府. 中国财政经济出版社，1997：26.
② 唐建新，杨军. 基础设施与经济发展——理论与政策. 武汉大学出版社，2003：79.
③ 唐建新，杨军. 基础设施与经济发展——理论与政策. 武汉大学出版社，2003：103.

（五）以"看得见的手"培育"看不见的手"

"看得见的手"和"看不见的手"，这是经济学界用来形容市场和政府之间的关系的生动比喻。由于后发国家的市场发育条件的限制，原本由市场调节即可自动完成的许多经营性活动，有时却需要国家强力的介入。为了培育市场，寻求非农产业发展的引擎，后发国家的政府采取了多种措施。以下是几个后发国家政府培育市场，寻求非农经济发展的引擎的具体事例。

1. 与非营利部门合作推动非农产业走向国际市场

泰国北部的妇女生产丝绸已经有几个世纪的传统了，几个世纪以来，将近 30 万人从事这一行业，她们从种植桑树、养蚕茧、抽丝、纺线到织成衣料，形成了一套全方位的产业。她们饲养本国的黄色蚕茧，用手工纺线，然后用传统的手摇纺纱机进行编织。但是这种持续了几个世纪的生产活动在 20 世纪 50～60 年代开始发生了变化。一个叫吉姆·汤普森的来到泰国北部开始与当地的丝绸生产者进行合作，他把关主要的设计，实施严格的质量控制，并把泰国丝绸卖给来泰国旅游的外国旅游者以及打进出口市场。他改进了传统的手摇织机，运用飞梭手摇织机进行纺纱。过了一段时间以后，他的许多雇员也开始建立自己的纺织工厂，围绕在汤普森的工厂的周围，逐渐集中成 140 个大大小小的纺织工厂。随着出口的日益加大，泰国的农业发展部开始日益关注这一地区。为了扶植这一地区的发展，农业发展部开始逐渐减少国外的丝绸进口。在政府的扶持下，他们把本国的蚕茧与日本的蚕茧进行杂交，从而生产出自己国家独特的蚕丝。泰国的丝绸业日益享誉国外。到 20 世纪 80 年代，农业发展部开始与泰国东北部贫穷的丝绸生产者进行合作，一方面他们保留了当地妇女传统的丝绸纺织技术，同时为他们引进黄色丝绸纺织技术，在农业发展部的帮助下，泰国东北部的妇女所生产的丝绸开始与大企业进行合作。丝绸业在泰国成长为一个重要的部门。[①]

[①] http：//www. ifpri. org/divs/eptd/dp/papers/eptdp92. pdf，Steven Haggblade，Peter Hazell，*Strategies for Stimulationg Poverty-Alleviating Growth in the Rural Non-farm Economy in Developing Countries*，p. 56.

2. 开展培训增强农民开展非农服务业的能力

在墨西哥的蒙特里杰，在一所职业技术大学里，在政府的资助下创立了家政培训项目，帮助那些准备进入家政市场做工的妇女。他们为这些用工人员提供标准化家政服务的培训，针对不同阶层的服务对象，进行不同的培训。他们把在大中城市中雇主分成上层和中层等级别，并给他们提供签订劳动合同的训练，也培训一些专门非常细滑的工作技能如整理床铺、家具摆设及如何打扫房间等。① 在泰国各地农村，在宁静的村镇里总会出现几个家庭手工业户，从事纺织、竹编、木雕、制陶、果脯等生产，门类多种多样。因为泰国有数百年城乡家庭手工业的传统，现任国王的王后又热心于农村妇女工作，建立农村手工业基金会，通过各地村委会举办技术训练班，组织村民从事纺织、铜器等手工艺品生产相加工，有些村庄设立织布厂，或贷款给农民个体户生产服装、基金会组织销售。这类农村工业分布很广泛。②

3. 发展"无烟工业"——乡村旅游业

目前在拉丁美洲的许多国家的地方政府把旅游业作为当地非农经济发展的重要部门，并致力于开发乡村旅游，为此，这些国家的地方政府提供全方位的服务，从道路兴修、机场设施等公共物品的提供，到酒店管理服务，饭店服务人员培训以及烹饪技术培训等，政府都采取了多种方式来增强自己的服务功能。如智利的农村开发部在过去的几十年里大力推进智利的乡村旅游业，乡村旅游遍及智利各个区域的农村地区，包括智利的偏远农村。为了扶持偏僻地区的旅游事业，智利的农村开发部做了大量的工作，从财政扶持到基础设施的建设，以及广告招商等，为了搞好乡村旅游业，寻找农村非农经济发展的引擎，智利农村开发部不断推出新的旅游项目，如农家旅游、生态旅游、文化景点旅游、自然风景旅游等以满足不同层次的旅游群体的需求。③

---

① http：//www. ifpri. org/divs/eptd/dp/papers/eptdp92. pdf，Steven Haggblade，Peter Hazell，*Strategies for Stimulationg Poverty-Alleviating Growth in the Rural Non-farm Economy in Developing Countries*，p. 57.

② 陈宗德，丁泽霁主编. 改造传统农业的国际经验——对发展中国家的研究. 中国人民大学出版社，1992：143.

③ http：//www. ifpri. org/divs/eptd/dp/papers/eptdp92. pdf，Steven Haggblade，Peter Hazell，*Strategies for Stimulationg Poverty-Alleviating Growth in the Rural Non-farm Economy in Developing Countries*，p. 76.

4. 增强传统非农产业的市场开拓能力

在 20 世纪 60~70 年代当博茨瓦纳还没有发现钻石之前，在博茨瓦纳卡拉哈里沙漠只是稀疏地生活着少数几个部族的居民，从事着畜牧业。但是这里的部族妇女长期以来从事着一种手工编织各种盛物篮的活动，这种手编的主要原料是河边生长的一种芦苇草。他们把编织好的篮子用一种植物染料染成各种颜色。但是他们的生产能力有限，编好之后，主要是供自家使用。为了促进当地部族的收入，当地的政府开发部门建立了一个出口公司，组织出口这种具有地方特色的高质量的茨瓦纳篮子。由于这种篮子材料主要是当地生长的一种芦苇草，再加上当地丰富的劳动力资源以及原有的技术和设计。因此在当地政府的带动下，这种手工编织开始大规模地兴办起来。到 20 世纪 70 年代的晚期这种手编篮子已经行销美国和欧洲市场。到 2001 年在当地部族中生产这种篮子的农户一共有 2 000 人，他们每年的出口创汇额为 20 万美元，大大提高了当地农户的生活。[①]

5. 支持传统农村手工业的发展

在支持农村传统手工业的问题上，印度政府的支持政策一直是比较典型的案例。按照印度传统的分类法，农村工业归入小工业类。各个时期，小工业定义有所不同。现阶段小工业是指固定资产在 200 万卢比以内的小型工业。不过，现有小工业中约 95% 属于极小的部分，资产少于 20 万卢比。可以说绝大部分是投资少的劳动密集型企业。小工业包括传统小工业和现代小工业两大类。传统小工业处指主要采用手工方式的乡村工业，如手织机工业、土布和乡村工业、缫丝业、手工业和椰皮纤维工业五种。现代小工业是指在城市郊区或农村采用现代机械装备的小型工业，包括加工修理厂、辅助厂和拥有动力织机的工厂等。因此，从印度统计资料中区别出农村工业的数量比较困难。据印度报纸报道，约 65% 的小工业分布在村或人口在 2.5 万人以下的小城镇，这部分小工业大致上可以称为农村工业。它同样可分为现代部分和传统部分。前一种是指分布在农村的采用机械装备的小工业，后一种是指主要采用手工方式的乡村工业。传统部分的比重超过现代部分。这些工业是由农村居民创办的。小工业在印度农村发展和解决农村就业问题上一直发挥着

---

① http://www.ifpri.org/divs/eptd/dp/papers/eptdp92.pdf, Steven Haggblade, Peter Hazell, *Strategies for Stimulationg Poverty-Alleviating Growth in the Rural Non-farm Economy in Developing Countries*, p. 78.

重要作用，政府农村小工业一直采取扶植和保护政策，具体表现在：

第一，通过各种方式从资金上支持小工业。首先，金融机构要支持小工业。印度商业银行从60年代开始向小工业提供各种贷款。到1981年6月，贷款数达340.6亿卢比。在商业银行放款总额中，小工业贷款从6.9%上升到13.2%。1985年12月底，银行给小工业部门贷款构成净银行贷款的15.3%。为了维护银行的利益，国家银行宣布从1960年起实行"小工业信贷保证计划"。到1981年4月，这个计划改名为"小额贷款（小工业）保证计划"。由于实行信贷保证，商业银行对小工业贷款有很大增加。在贷款利率上，分别不同情况，收取不同的利率。一般落后地区小工业贷款利率为10.2%，低于其他地区。对非组织部分的小工业者、乡村匠人贷款，年利率4%，还本付息根据偿还能力决定，一般在五年后开始偿还。此外，对那些亏损的小工业，银行实行优惠贷款，每个企业最高可得22万卢比贷款，年利率9%，偿还期九年，还有四年宽限期。除银行贷款外，各邦金融公司负责向小企业提供定期贷款，供他们购买地皮、建筑厂房和购买机器等。至1981年3月，放款188.629亿卢比。共中小工业占81.8%，获得贷款63.2%。同时，国家小工业公司和邦小业公司也给小工业提供财政支持，按分期付款办法供应机器设备，帮助获得进口原料，提供项目性贷款和咨询服务等。这些办法对小工业发展起了积极作用。①

第二，大力保护和支持小工业。印度政府规定，凡是农村工业生产的产品，大企业不得生产，以保护农村工业。"二五计划"时期，政府明令规定由小工业、家庭手工业生产的"保留品种"的种类。随后又陆续增加。1981～1982年度，"保留品种"达到837种。1986～1987年增全868种。如果大工厂已经生产后来列入保留名单的产品，它们只能按原来的规模生产，不得扩大。②

第三，提高产品质量，增强竞争能力。小工业技术水平低，产品质量差。为改变这种状况，印度政府加强小工业技术开发工作。首先，设立技术研究机构，开展推广新技术的工作。近些年，已建立土布及乡村工业委员会的乡村工业技术研究所，全印手工业的四个地区设计中心，印度小工业发展组织

---

① 朱昌利. 印度农村经济问题. 云南大学出版社，1991：95.
② ［印］鲁达尔·达特. 印度经济（下）. 雷启淮等译. 四川大学出版社，1994：351.

在全国各地开设的各种机构和中心，就地向小工业提供技术咨询服务。同时，还利用外资提高技术水平。由美国、西德、日本等国公司的援助，在古贾拉特邦的拉吉科特、德里的阿克拉和加尔各答的蒙拉，建立了三个示范发展和培训中心。此外，印度工业发展银行为了鼓励小工业的科技活动，设立了技术援助基金。

第四，拓宽市场，解决销售难。印度从 50 年代起，实行对一部分小工业产品保留采购制。采购产品的种类不断增加，从最初的 167 种增至 1982 年的 401 种，现在达到 409 种。政府采购小工业的产品有两种方式，一是包销 75% 的产品有 12 种，二是包销 50% 的产品有 24 种。对采购的保留品种，给予 15% 的优惠价。政府采购小工业产品的价值，从 1952～1953 年度的 660 万卢比，增加到 1981～1982 年度的 20.73 亿卢比，采购额占国内销售额的 12.5%。政府还规定各地的大货商店和百货站要经销小工业产品。

| 第六章 |
发展农村工业促进农村劳动力就地转移

在促进农村地区传统的非农产业的发展的同时，后发国家的各国政府对农村工业的定义和统计口径不尽相同。但大体上可以概括说，农村工业是指地理位置在城市以外的广大农村中分散开办的从事商品性生产的中小型企业。其生产项目包括各种制造业、采矿业、建筑业、公用事业、商业服务业、农产品加工业等。每个企业的规模、职工人数和投资额均较少。开办这种企业的，有农业生产者，也有到农村来投资的工商业者和城市居民。农村工业的形式，可以概括为五种。

（1）农业生产者在从事农业的同时，利用自有简单设备，加工当地农产品或利用当地资源的制品。

（2）较大的农场主或农业经营者开办的小型农产品加工厂。

（3）城乡居民个人在农村开办的小型工业企业和商业服务业等企业。

（4）合作社组织经营的农产品加工厂和农工联合企业。

（5）城市工商企业、国家工商企业，以及外国资本企业、跨国公司等经营的大型农工联合企业和农产品加工企业。

农村工业的最高形式是农工联合企业。这种农工联合企业可以是农业生产者联合起来经营的农业和农产品加工业的合作社，也可以是工商企业在农村兴办的大型农产品加工和储运、销售企业。农工联合企业把农业生产和农产品加工、销售，以及农用生产资料的供应结合为一体，通过多渠道、多层次参与组织农业生产和农村经济活动。农工联合企业把农民纳入社会化大生产的轨道，促使农业生产专业化和商品化，从而有力地改造传统农业，推进农业现代化。正如前文所述，农村地区非农产业的发展成为农民富裕、农民增收、农业剩余劳动力就业的一个新的经济增长极，它引起了后发国家的政府的深切关注。在农村地区，后发国家的政府除了扶持传统的非农产业，寻求新的非农经济的发展引擎之外，许多国家为解决农村剩余劳动力就业问题及劳动力的就地转移，进行的有益尝试还包括向农村地区导入现代工业部门，促进农村劳动力向工业部门转移。

进入20世纪70年代，许多国家城市工业发展的事实证明，城市工业不能为日益增多的流入城市的农村劳动力提供就业，证明了过去经济理论认为靠城市工业吸收农村过剩劳动力的设想是不符合70年代的现实的。特别是许多国家农村中无地农民的数量在剧增，形成广大农村失业者阶层，必须解决他们在农村中的就业问题。因此，发展农村工业和农村非农产业，解决农村过剩劳动力就业，就成为发展经济学的热门话题，也日益为发展计划制订者所重视。

后发国家在向农村地区导入工业，推进农村劳动力就地转移的方案大体可分为四类：①在整个农村地区或全国大多数省份的农村地区实施的全国性方案，如印度、伊朗、肯尼亚、马来西亚等国的方案；②在少数地区、区域或省份的农村地区实施的实验或者试点性质的方案，如墨西哥的方案；③促进小型企业或手工业所作努力的方案。尽管手工艺主要集中在农村地区，促进发展的努力却不仅仅偏重农村地区，如孟加拉国、尼泊尔和巴基斯坦的方案。④在城乡一体化的基础上来规划农村工业。这一类型包括了以下几类的国家和地区，如印度在其第六个国家发展计划里所强调的，是对大约五千个发展区逐一进行规划。每个发展区中均包括一百个村庄和一个城乡一体化中的几级地区。①

---

① 刘传哲，朱成名. 农村工业化——国际经验与中国道路. 吉林人民出版社，1992：22.

一、日本政府在农村地区导入现代工业的政策

日本农村工业化在很大程度上得力于政府的支持。具体办法是，第一，立法引导。采取行政干预手段促进东京、神户等大城市的工业向边远地带扩散。制定政策和指令可以说是日本政府各部门的主要工作。第二，财力扶持，即优先分配公共投资。这种财力扶持并非用于直接性生产投资，而是主要用于工业开发区域的机场、铁路路、高速公路、港口、公共福利设施及通信系统的开设和修建，从而改善了投资环境和生产条件，增强大企业对人才的吸引力。第三，强化管理、加强引导。内阁在国土厅设立地方振兴局，负责设计农村工业化的开发战略和具体措施，在通产省设立中小企业厅，负责制定政策和法令，协调中小企业的发展关系，县、市、区政府也设立了商工振兴课，通商金融课、技术振兴课等，负责组织实施地方工作的发展计划。条件之四是发展教育、培养人才。第四，采取有力措施进行政策激励。这些措施包括：①制定《中小企业协调组合法》，激励中小企业发展投向联系，提高整体竞争能力，组织引导小中企业通过共同购买原材料，共同建立加工区，共同使用新技术等推进合作的发展，获得规模经济效益；②中小企业的固定资产折旧率高于大企业的14%，从而激励中小企业的设备现代化，提高中小企业的设备转换率；③差别税收政策，日本政府规定中小企业的所得税征收率比大企业低12%，从而激励中小企业增加积累，扩大再生产；④信贷支持政策，改行的中小企业只要得到县政府的批准，就可向政府金融机构借到低于一般银行1.6%的利息贷款，贷款额度也可由原来的8 000万日元增加一倍，通过信贷优惠，激励中小企业及时转产改行，促进新兴产业的发展。①

二、泰国政府在农村地区导入工业的政策

为了使集中在大城市的工业向农村地区分散，向农村地区导入现代工业，

---

① 刘传哲，朱成名. 农村工业化——国际经验与中国道路. 吉林人民出版社，1992：28.

增加农村地区的就业机会和减轻农村流动劳动力对城市就业和生存环境的压力，泰国政府相继出台了一下政策。第一，政府投资提供优惠税收待遇。1973 年投资局行文规定对设厂于曼谷 50 千米以外的工厂给予特别优惠，如五年内减去 50% 的经营所得税；双倍扣除运输、电力、水方面的开支；雇员少于 10 人的乡村小工厂无须登记，也就无须交纳税款，小规模制造厂只需交纳 45% 的所得税等。第二，"泰国工业金融公司"提供优惠信贷。政府规定对农产品加工和农业原料利用型工厂优先贷款，并减利息 1%，从 1976 年开始把 5% 以上的投资放款集中于农村工业；国家银行要求各商业银行对农村工业的贷款要占其放款的相当部分，不得少于 1.5%。另外，从 1976 年以来，"泰国小型工业金融组织"对农村工业的贷款也占去其放款总数的 38% 左右，高于在曼谷地区 26% 的放款比重。第三，政府积极推行"工业分散计划"。泰国第四个"五年计划"决定设立九个工业区，范围涉及全国各大地区。以工业区为中心，带动全国农村工业，成为农产品加工、资源利用型小工厂的带头人，以协调城乡工业层次的发展，就近吸收剩余劳动力，为农村工业培养工人，传输管理技术。第四，政府积极开展农村技术培训，为农村工业输送人才。泰国政府为农特工业培训技术力量和机构有近 200 个，年平均招生 1 500～5 000 人，培训完备后，按各地需求替他们联系工作。第五，政府为农村工业的发展提供基础设施建设服务。泰国政府在 1975 年提出的乡村长期发展规划中规定，为发展农村经济，特别是农村工业必须改善农村经济和社会发展基础设施，为此从 1975 年起，政府每年拨款将近 25 万株，对农村水资源开发、电力输送、公路、桥梁、技术学校等基础设施提供援助，为城市工业分散到农村以及农村工业升级铺平道路。[①]

三、实施农村综合开发，推进农村就业——以印度为例

（一）印度城乡面临的就业困境

印度共和国位于南亚次大陆，幅员辽阔，北端背向喜马拉雅山南麓，南

---

① 刘传哲，朱成名. 农村工业化——国际经验与中国道路. 吉林人民出版社，1992：22.

端嵌入印度洋，东临孟加拉湾，西邻阿拉伯海。西北部喜马拉雅山区，中西部是以恒河、印度河和布拉马普特拉河流域为主的平原地区，这一地区是印度的主要人口聚集区和粮食产区；西部沙漠地区有世界著名的塔尔沙漠；南部是以海拔 460~1 220 米的中低高原区为主的半岛地区。印度是一个人口众多、社会结构复杂和受传统文化影响比较深厚的发展中国家。根据 2001 年的印度全国人口普查数据显示，当时，印度的总人口为 10.27 亿人，其中农村人口占 67.2%，而城市人口占 32.8%。[①]（根据美国人口资源局的最新统计数据，2006 年，印度人口为 11.22 亿。见中国人口信息网统计数据），农村人口中将近 1/4 为 15~25 岁的青壮年，农业劳动力占全部劳动力的 70.6%。

从总体上来看，印度发展农业生产的自然条件可以说是优越的，其耕地面积占国土面积的一半以上，达到 1.43 亿公顷，人均耕地面积为 2 亩左右。印度大部分地区属于热带季风性气候，喜马拉雅山耸立在南亚次大陆的北部，在冬季时它挡住了来自于亚洲大陆的寒风，使印度免遭寒流的袭击，在夏季它又阻挡了来自印度洋的湿润空气，使印度获得大量雨水。印度两面临海，海岸线长达 5 690 千米，又有众多的湖泊河流，具有发展渔业生产的良好条件。印度的森林面积约为 7 460 万公顷，占国土面积的 22.7%，其中 95.2% 的森林属各邦政府管理，3.1% 为社团经营，1.7% 为私人所有。总之，印度气候适宜，雨量充沛，耕地较多，土地肥沃，水域广阔，林业资源丰富，非常有利于农业生产的发展。但是，由于种种原因，印度良好的自然环境未能得到充分合理利用，致使农业和农村发展缓慢，就业问题越来越严重。

根据资料显示在 20 世纪 80 年代时，农业部门的就业增长率还是具有一定重要意义的（年增长率为 1.8%）。在 20 世纪 90 年代以来，农业中的就业增长率非常缓慢，以致其增长率已经失去意义（年增长率为 0.06%）。到 90 年代农业部门的收入增长只是略高于 20 世纪 80 年代，与 80 年代相比，农业收入的增加只比 80 年代高出 0.02%。这种趋势表明农业部门几乎没有就业

---

① http://www.livelihoods.org/hot_topics/docs/Dhaka_CP_2.pdf. *An Overview of Migration in India, Its Impacts and Key Issues.* Ravi, Srivastava, New Delhi, India, 2003. p.2.

增长。① 目前印度农村除了 1 200 万常年失业者和数量巨大的半失业者外，还有数量众多的隐性失业者。② 印度第六个五年计划草案显示，1978 年 3 月有 2 060 万人年失业，其中 1 650 万在农村。根据国际劳工组织的观察，印度的失业人口在 1978～1988 年又增加了 1 000 万。而且失业人口的 70% 在农村地区，其中包括处于半失业状态的无地农民、少地农民和小手艺人。即使是被统计在就业人口中的大多数劳动力，其实际劳动天数，在农村平均为 168 天。③ 实际上是处于一种半失业状态。据专家预测在 2000 年，印度实际上需要转移和安置的农村就业人数为 1.2 亿。④ 如此庞大的失业大军不仅阻碍了农村经济的发展，而且也对城市经济产生了不利的影响，所以被称为"印度的最大的敌人"。

在农村失去就业机会的农村劳动力不断向城市流动，但是由于印度的工业发展技术类型的限制，吸收劳动力数量有限，加上城市尚有大量的失业者，所以在可预见的未来，城市工业还不能为农业剩余劳动力提供大量就业机会。由于城市就业机会的有限性以及农村流动劳动力自身素质的限制，他们在城市的就业和生活都面临着严重的问题。据资料显示，在印度的首都德里每年大约有 50 万人流入，而在这些流动人口中，有 40 万人居住在 1 500 个非法聚居地和 1 000 个贫民窟里⑤。在孟买，大约有 40% 的流动人口居住在贫民窟里。他们很少能获得干净的水源、卫生设施和电力条件，甚至还要遭受到种种危险，诸如被驱逐、染病、性虐待、低报酬、城市管理人员的刁难等。在就业选择上，由于受到教育水平的和本身技能的限制，他们主要从事着非正规的职业，如理发师、皮鞋匠、捡垃圾、卖蔬菜水果、开小吃部、做搬运工、手推车夫、人力车夫或在一些小企业里从事一些技术含量较低、报酬较低的

---

① http：//adb. org/Documents/Reports/Consultant/TAR-IND-4066/Agriculture/jha. pdf. *Economics Policies for Augmenting Rural Employment in India*，Brajish Jha New Delhi，p. 3.

② 这一数据是根据印度"六五计划""七五计划"以及"八五计划"的失业总数，新增劳动力数和就业增加数计算所得数据，参见［印］鲁达尔·达特 K. P. M. 桑达拉姆著. 印度经济（上册）. 四川大学出版社，1994：657 – 663.

③ 就业是指每人每年有 273 天工作 8 小时。参见［印］鲁达尔·达特 K. P. M. 桑达拉姆著. 印度经济（上册）：四川大学出版社，1994：657.

④ 王晓丹. 印度贫困农民的状况及政府的努力. 当代亚太，2001（4）：62.

⑤ http：//www. odi. org. uk/rpeg/research/migration/reports/Deshingkar2004. pdf. *Rural Urban Links in Inia*；*New Policy challenges for Increasingly Mobile Populations*，Priya Deshingkar，World Bank，2004. p. 7.

职业，或者从事一些险、脏、苦（通称"三D"，即 danger，dirty，difficulty）等城里人不屑于从事的职业。除此之外，还有一些流动劳动力在建筑业、采矿业以及砖瓦厂从事一些高风险和不稳定的职业，这些职业的高风险性使得在这些部门就业的农村流动劳动力极易出现伤残和死亡。

与此同时，没有计划和没有控制的大城市的盲目发展给其居民及其生活环境带来了严重的消极影响。基础设施以及公共服务设施大大落后于城市聚居的人口的需求。因而城市环境，特别是大城市的生活环境急剧恶化。城市中严重缺水缺电，缺乏排污设施、发展用地以及住房、交通运输，信息传播以及其他设施。据官方统计的数据，不到85%的居民有安全的饮用水，每天可以利用不少于四小时，但是有些地区的饮用水却只能隔天供应一小时，这样许多居民被迫抽取不安全的饮用水，从而带来许多与饮水有关的疾病。只有49%的城市人口有卫生设施其他的居民只能使用露天公共厕所，在这个国家的3 700个城市中，只有72座城市具有部分排污设施，17个拥有主要的污水处理设施。城市中每天将要产生3 900万吨的固体垃圾，其中有60%的固体垃圾不能当日清理完毕，这样导致大量的堆积的垃圾在公共场所腐烂而对公共健康带来严重的威胁。

除非有大量投资用于改善城市基础设施和人们的生活环境，大多数的印度城市都将面临严重的危机。第九个五年计划工作组估计，用在城市住房上的投资资金在今后五年中需要528亿卢比，在未来的十年中，印度每年用在城市供水、卫生设施以及道路兴修上的资金大约是280亿卢比。中央公共健康环境工程组估计，为了给全部城市居民提供安全的饮用水及卫生设施大约需要17 290亿卢比的资金投入，印度铁路技术和经济服务部估计，为了给城市中的每10万人提供交通基础设施，在未来的20年中将需要20 700亿卢比的资金。除此之外，中央、各邦计地方政府的预算以及用在住房饮水卫生以及运输上的开支每年大约需要800亿卢比。①

面对严峻的就业形势，印度政府的方针是在农村就近和就地消化劳动力，尽量减少农民流入城市。因此印度政府除了通过大力发展乡村工业和家庭手工业来吸收劳动力外，还在农业部门内部挖掘潜力，扩大就业面，建立农

---

① P. G. Dhar Chakrabarti. *Urban crisis in India：new initiatives for sustainable cities*, Development in practice, Vol. 11, Numbers 2&3, May 2001.

业—家庭手工业—乡村工业混合型的就业结构。通过促进农业和农村发展来扩大就业面。除此之外，为了促进农村就业，印度政府还采取了一系列的措施，通过兴建农村公共工程，直接推动农村地区的就业。

（二）印度政府实施的各种农村专门就业计划概览

印度政府设立了一个以 M. 巴格瓦蒂为主席的委员会来制定解决农村就业问题的措施，该委员会提出了农村电气化、修建公路和农舍以及小型灌溉工程等方案来缓解农村失业和就业不充分。为此从 20 世纪 70 年代以来，为实现农村人口在农村就地和就近就业，印度政府实施了许多专门计划来直接推动农村就业，根据现有资料显示，印度从 20 世纪 70 年代以来，先后实施的各种就业计划共有 19 个，它们分别是：

（1）农村就业计划 *Rural Works Program*（*RWP*）（1970～1971）其目标是通过兴建各种民用工程（如土地保护、筑路、造林等）减少就业机会的不足以及促进易受干旱影响地区的综合开发等为农村劳动力创造就业机会。

（2）农村就业应急计划 *Crash Scheme for Rural Employment*（*CSRE*）（1971）通过创办各种永久性工程减轻农村地区的失业和就业不足，这些工程包括小型水利灌溉事业、土壤保持、造林、土地开发等。

（3）小农发展机构以及边际农、农业工人计划 *Small Farmers Development Agency*（*SFDA*）（1971）*and Marginal Farmers and Agricultural Laborers Scheme*（*MFALS*）（1971）这一计划的主要目的是给小农提供贷款资助以及为农业工人提供贷款使之能够采用新技术，进行农业的精耕细作，增加农业产量以及开办其他辅助性生产活动，如制酪业、家禽饲养业、渔业和园艺业等。边际农和农业工人计划主要目的是增加无地农业工人的就业机会。1974 年这两项计划合并为统一的小农发展机构。1980 年该计划又合并到国家农村就业计划中来。

（4）马哈拉施塔邦就业保障计划 *Maharashtra Employment Guarantee Scheme*（*MEGS*）（1972～1973）这是印度唯一的以帮为实施范围的就业保障计划，该计划的主要做法就是通过在农村地区实施一些劳动密集型的就业开发项目，保障农村就业人员获得最低生活工资保障。

（5）农业服务中心 *Agro-Service Centers*（*ASS*）（20 世纪 70 年代早期）主

要是为那些没有找到工作的毕业生进行自我就业提供一些便利条件。

（6）易遭受干旱地区开发计划 *Drought-Prone Area Program* （*DPAP*）（1973）。

（7）主要地区开发计划 *Command Area Development Program* （*CADP*）（1974~1975）。

（8）山地开发计划 *Hill Areas Development Program* （*HADP*）（1974）。

（9）荒漠开发计划 *Desert Development Program* （*DDP*）（1977~1978）。

以上这几个计划统称为区域开发计划 *Area Development Programs* （*ADPs*）。这些计划的目标是开展适当的基础设施建设，促进地区一体化发展，增加效率和就业机会，控制土壤沙化的进程，减少干旱的影响，恢复生态平衡，提高土地、水资源的利用能力，促进农业生产的多样化，植树造林和推进畜牧业的发展。

（10）工作换粮食计划 *Food for Work Program* （*FFWP*）（1977）及以工代赈，该计划的主要目的是为通过兴建农村基础设施为农村创造更多的就业机会，提高农村居民的生活水平，其工资不是以现金形式给付而是通过从国家粮食储备中调来的过剩的粮食储备作为支付手段。

（11）年轻人自我就业培训计划 *Training for Rural Youth in Self-Employment* （*TRYSEM*）（1979）。对于那些年龄在18~35岁的农村年轻人进行技术培训和传统技术的升级换代培训。从而使他们获得在农村地区从事农业、工业和服务业的技能。

（12）全国农村就业计划 *National Rural Employment Program* （*NREP*）（1980）。该项目后来调整并重新命名为农村就业计划，主要是给那些季节性或者间或失业的人员提供就业机会，同时对已经获得自由的抵押劳动力提供救助，保障农业工人获得最低工资，支持 IRDP 和 ADPs 计划的开展，加强农村基础设施的建设。

（13）农村一体化开发计划 *Integrated Rural Development Program* （*IRDP*）（1976~1980）。促进农村地区自主就业，提高农村最贫困家庭的生活水平，使之达到贫困线以上，提高收入水平，使各部门间平衡发展。

（14）农村地区妇女儿童开发计划 *Development of Women and Children in Rural Areas* （*DWCRA*）（1982~1983）。该计划是 IRDP 的补充项目，主要针

对的是农村地区的妇女儿童在自主就业中的一些救助和支持活动,以便使之能够参与到各种经济活动中来。

(15)农村无地者就业保障计划 *Rural Landless Employment Guarantee Program*(*RLEGP*)(1983)。该计划是 NREP 的补充项目,其目标是保证农村无地者每年获得 100 天的就业机会,这一计划的主要关注对象是农村妇女。其工作给付也是采取以谷物兑付的方法。

(16)未被雇用的受过教育的年轻人自我就业计划 *Self-Employment Scheme for Educated Unemployed Youth*(*SEEUY*)(1983~1984),这一计划主要是针对 18~35 岁这一群体中受过教育但是还没有找到工作的成员。

(17)城市贫困者自主就业计划 *Self-Employment Program for Urban Poor*(*SEPUP*)(1986~1987)。该计划为城市中生活在贫困线以下的家庭提供资助和贷款,其中表列种姓和表列部族占 30%。

(18)*Jawahar Rozgar Yojana*(*JRY*)(1989)即贾瓦哈尔就业计划,该计划致力于覆盖全国所有的村庄,并在全国农村每年提供 10 亿个工作日的就业机会,其中为妇女保留 30% 的份额。

(19)*Nehru Rozgar Yojana*(*NRY*)(1989)。该计划包括三个组成部分即:城市小企业计划 *the Scheme for Urban Micro-Enterprises*(*SUMI*)城市工资就业计划 *the Scheme of Urban Wage Employment*(*SUWE*);住房和住所改造计划 *the Scheme for Housing and Shelter Upgradation*(*SHASU*)。JRY 的对象是农村而 NRY 是给城市里失业和就业不足的年轻人提供技能并提供基础设施以及其他相关服务。该计划关注并保护表列种姓和表列部族的年轻人和妇女的就业情况,提供最低就业保障。

(三)印度主要的农村就业计划的具体内容及实施情况[①]

1. 农村综合开发计划

1979 年印度政府开始实施农村综合开发计划,计划最初是在 2 300 个开

---

① 这部分内容可以参见〔印〕鲁达尔·达特 K. P. M. 桑达拉姆著. 印度经济(上册). 四川大学出版社,1994;667 - 690;司马军. 印度积极解决农村就业问题. 世界农业经济资料(第 23 集),1989;12 - 14. 王廉,崔健. 世界的扶贫实践与政策方向. 暨南大学出版社,1996;83 - 89.

发区试行，1980 年 10 月扩大到 5 011 个开发区。这个计划的目的是通过资金补贴和提供贷款渠道等方式，使农村贫民能够获得生产资料及适当技能，并改善其生产环境，提高农业生产率，为农村贫民的生产发展创造条件。计划所需要的资金主要由财政和贷款两方面解决。农村综合开发的执行机构是国家发展署，它通过三个层级结构与受助农户相联系，即地区乡村发展局，负责制订计划、领导与协调；社区级派出机构，负责计划的实施，包括与金融部门的协调等；村级派出员，负责验证受助农户，提供具体救助方案并实施过程控制。该计划的主要内容是：①向生活在贫困线以下的小农和农业劳动者提供补助和贷款，同时向他们供应种子、化肥、农药等生产性投入，提供各种技术性服务；政府投资兴办一些水利设施，免费（或低价）给农村贫民供水，以帮助其发展生产，提高生产率。②在农村开办各种职业培训中心，给无地者提供职业培训，在此基础上通过提供一定数量的补助和贷款，帮助其发展畜牧业、农村工业、商业和服务业，使这些无地少地的贫民有条件从事种植业以外的其他生产活动。

农村综合开发计划改变了多头机构分别实施各种计划的做法，用单一的全国性的计划代替以前的多种计划，并且在每个行政区设立单一的机构检查计划的完成情况。新的计划的重点集中在农户中最贫困的部分——即赤贫户，做到计划扶助到户。

在印度的第六个"五年计划"中要求在五年内农村综合开发规划救助 1 500 万户，在每个社区中平均约有 1 万至 1.2 万贫困户，规划要对平均每个社区的 3 000 个赤贫户提供特殊的援助，其中 2 000 户被纳入农业与合作经济，500 户进入乡村工业，500 户从事服务业。从 1980 ~ 1981 年至 1993 ~ 1994 年度，有 4 500 万贫民从该计划中受益。

2. 农村青年自主就业培训计划

所谓农村青年自主就业即农村青年自谋职业，这个计划是农村开发计划的补充。为了给农村贫困线以下 18 ~ 35 岁的知识青年扩大就业路径，印度从 1979 年起实行农村青年自主就业计划。计划的目的是以必要的技能和改良的传统技术武装农村青年，使他们能在农业、工业、商业和服务业方面自行创业。这个计划的培训对象只能是农村综合开发计划目标组家庭中的 18 ~ 35 岁的青年，并且一户只能参加一人，同时做出特殊规定参加该培训计划的必须有 1/3 的人员是女青年。政府通过教育机构、工矿企业、研究单位、专家和手艺高超的工匠对农村无业青年、知识青年进行技术培训，使其能在家乡，开办各种企业，不但能自谋职业，还能为他人提供就业机会。对青年的技术培训主要包括三个方面的内容：①农业方面，育种、农产品销售体系、园艺和养鱼等；②工业方面，制造火柴、花炮、陶器和榨油等；③服务业方面，零售商业、修理电器、安装和修理牛粪沼气池以及乐器演奏等。政府在"六五计划"中共拨出 5 000 万卢比用于此项计划的事业费。在受训期间，政府还为每个学员每月提供 100 卢比的助学金。"七五计划"每年将培训 25 万的青年，并规定其中至少是 1/3 的女青年。培训结业后，青年课余从有关部门获得开业许可证，并从银行获得优惠贷款。印度计划在每个县至少设立一所青年培训学校。培训结束后，受训青年得到地方当局的许可和银行贷款即可开业。第六个"五年计划"（1980～1985）期间的培训目标是全国每年培训 20 万名农村青年，每个区每年培训 40 名青年。农村青年自主就业培训计划的目标是在第六个"五年计划"期间的培训 100.5 万人，实际上培训了 94 万人，其中 47% 实现了自我就业。

3. 农村妇女和儿童开发计划

农村妇女和儿童开发计划开始于 1982 年 9 月，它是在试验的基础上，在从各邦选出的 50 个落后的县中试行。这个计划是农村综合开发计划的特殊组成部分，它主要是为农村妇女的生产经营提供便利条件。之所以实施这个计划，是因为在第六个五年计划的前三年中，农村综合开发计划的利益没有令人满意的流入妇女手中。第六个五年计划期间，该计划的经费为 1.56 亿卢比。粗略估计，这个计划惠及 48 019 名妇女，在第七个五年计划期间，该计划扩大到更多的县，到 1990 年，已在 191 个县实行。根据这个计划，对从事有生存能力的经济活动的每个妇女团体，给予 15 000 卢比援助，作为一次性拨款，作为周转金。

4. 农村无地者就业保障计划

农村无地者就业保障计划相当于我国的以工代赈计划，它于 1983 年 8 月开始实施，资金完全由中央政府提供。实行这个计划是因为，长期失业需要救济的农村贫民，尤其是无地者在农闲期间的就业问题，必须以更直接和更有效的方式加以解决。该计划的主要目的有两个：一是为农村无地者提供就业机会，打算为每户无地家庭中一名成员每年至少提供 100 个劳动日的就业机会；二是增加农村基础设施建设，以改善农村生产条件，为农民创造良好的生产环境。该计划实施的主要工程包括：①在流域地带开发土地；②建造公共设施。在提供就业方面该计划把重点放在：①至少为每个无地家庭一名成员提供就业机会；②在无地家庭中，以妇女就业为先。

5. 全国农村就业计划

1977 年起印度政府实施"以工作换粮食计划"，1980 年改称全国乡村就业计划，并于 1981 年 4 月正式列入政府的计划项目。该计划的经费由中央政府和邦政府均摊，各负担一半，计划由县农村开发机构负责执行，但是，项目的选择和检查，则由地方评议会机构进行，在没有评议会机构的地方，村民可以执行这项工作。民办组织也有机会参加这个计划的活动，不允许承包商介入全国农村就业计划的任何活动。1981 年起纳入"六五计划"，由中央和各邦政府共同提供资金。该计划不仅为农村劳动力提供了大量的就业机会，而且组织农民兴建了一大批农村基础设施，包括植树、垦荒、平整土地、水土保持、小型灌溉、公共饮水、挖凿和加深池塘、筑路、修建学校、诊所和五老会办公室（即村政府办公室）等。该计划要求将 25% 的就业名额给予边际农（占地一公顷以下的农民）和农业工人，25% 的名额给予农村最贫户，10% 的名额给予少数民族。对于贫困的就业者，每年至少要使其获得 100 天的工作机会。仅在 1980～1981 年度，该计划就提供了 2.1 亿个工作日的就业机会，共植树 44.8 万公顷，并对 95 万公顷的土地进行水土保持，使 42.1 万公顷的土地免受洪水威胁，与此同时，还筑公路 27.2 万千米，建设校舍79 414 间和五老会办公室 3 016 间。1980～1985 年，该计划共提供了 17.74 亿个工作日的就业机会。①

6. 农村工资就业计划

在 1989 年，农村无地者就业保证计划和全国农村就业计划合并成单独的"工资就业计划"，并在全国开始实施。该计划的经费由中央政府承担 80%，帮政府承担 20%。中央政府的拨款根据各邦直辖区的农村贫民占全国农村贫民的总数的比例分配给邦政府，这种拨款从邦分配到县，这个计划包括印度

---

① 司马军. 印度积极解决农村就业问题. 世界农业经济资料（第 23 集）. 1989：10.

农村 4 400 万户家庭，按平均计算，拥有 3 000 ~ 4 000 人的村，每年可获得 10 万卢比的拨款。

（四）农村就业计划的绩效评估

1. 农村就业计划的成就

纵观以上的就业计划，除城市贫困者自主就业计划和 *Nehru Rozgar Yojana* 计划外，其余 17 个都是印度政府针对农村地区存在的严重失业问题而采取的各种就业计划。从这些计划的特点上来看，其实施的计划大致可以分为两类，一类是促进自主就业计划（*self-employment programmes*），另一类是工资性就业计划（*wage based employment programmes*）自主就业计划的目的是通过给受益人提供一些经济帮助从而消除长期失业，而工资性就业计划的目的是为特定人群避开季节性失业而设计的补充性就业计划。在具体实施上采取两种方式，一是通过开展各种培训，增强农村劳动力自主创业的能力，二是通过农村公共基础设施的开发兴建，增加农村劳动力在农村地区的就业机会。印度农村经济发展迟缓和失业日益增多互为因果，形成了恶性循环。所以，增加就业和加强农村建设必须同时进行。农村建设分为两个方面，一方面是与农业生产有直接关系的，如灌溉设施的建设、整治土地和推广农业新技术等，另一方面则是建立农村基础设施，如修建道路、仓库、饮水设施、住房、学校、诊所和文化室等。政府已实施的一项农村公路修建计划规定：1990 年以前，1 500 人以上的大村庄要全部修通公路；1 000 ~ 1 500 人的中等村庄要有一半通公路，由此总共将提供 840 万人/年的工作。又如，为解决农产品储藏问题，使每个村子都有安全仓库，"六五计划"（1980 ~ 1985 年）期间，政府和合作社等新建立了一批仓库，其仓储能力为 195. 3 万吨，提供了 4 000 人/年的工作机会。在"七五计划"期间（1986 ~ 1990 年）此项工作所提供的就业机会达到 2. 3 万人/年。[1]

工资就业计划除了提供就业机会之外，另一个重要的目标是为了给农村地区提供基础设施，其中最主要的设施就是农村道路兴修，在印度农村传统

---

[1] 司马军. 印度积极解决农村就业问题. 世界农业经济资料（第 23 集），1989：10.

的乡村道路是由泥土铺成的，上面没有水泥和柏油，在雨季时这种土路很容易被雨水冲刷。通过农村工资就业计划可以很好地完善农村基础设施。为实施工资就业计划政府财政做出了大量的支出。根据全国抽样调查的结果在1999～2000年度在所调查的农户中有7.4%的农户中有1～2个男性成员，在3.2%的农户中有1～2个女性成员参加到政府提供的60天就业机会中来。劳动时间大多集中在农闲时期。① 农村就业计划和农村综合开发计划为缓解农村失业提供就业机会做出了很大的贡献，有下列的图表可以很好地说明这一问题（见表6－1、表6－2）。

表6－1 　　　　　　　　　JRY 提供的就业情况统计

年份	提供就业数额（百万工作日）
1989～1990	864
1990～1991	875
1991～1992	809
1992～1993	782
1993～1994	1 032
1994～1995*	438

注：*指到1994年11月。
资料来源：印度农村开发部．印度政府年度报告1994～1995年．

表6－2 　　　　　　　　　IRDP 救助的家庭总数单位 　　　　　　单位：十万

年份	家庭数量
1980～1981	21.27
1981～1982	27.13
1982～1983	34.55
1983～1984	36.85
1984～1985	39.82
1985～1986	30.60
1986～1987	37.47
1987～1988	42.47

---

① http：//adb.org/Documents/Reports/Consultant/TAR－IND－4066/Agriculture/jha.pdf. *Economics Policies for Augmenting Rural Employment in India*，Brajish Jha New Delhi，p. 14.

续表

年份	家庭数量
1988～1989	37.72
1989～1990	33.51
1990～1991	28.98
1991～1992	25.37
1992～1993	20.69
1993～1994	25.39
1994～1995*	9.6

注：＊指到 1994 年 11 月。
资料来源：印度农村开发部. 印度政府年度报告 1994～1995 年.

2. 印度农村就业计划存在的问题

从最初实施农村一体化计划到 1998～1999 年度，政府共花费了 1 370 亿卢比共有 5 400 万家庭收益。在第八个五年计划开始时折合到每个家庭大约是 7 899 卢比，1998～1999 年度折合到每个家庭的数量是 18 377 卢比。[1] 政府如此大规模地开展促进农村就业的各项计划，从理性上分析，印度农村的就业问题应该得到很好的解决，但是事实上却并非如此。印度的农村就业计划存在着严重的问题，不论是从计划的制订还是从计划的运作上和管理上都存在着严重的问题。

（1）贷款和补贴机制上存在的问题[2]。

印度各项农村就业计划的典型特征就是给予就业人员一定的补贴和贷款。政府给予农户的补贴和贷款都由银行负责发放。一方面要银行保持其完好的金融能力，同时让其发放低息贷款给贫困农户开办企业或者自谋职业。由于害怕贷款的呆账与坏账，银行更愿意把贷款贷给那些有能力及时偿还贷款的人，而这些人是一些富有者，即使不用那些贷款他们也能很好地开办自己的企业，银行或者暗箱操作，把那些低息的补贴式贷款，贷给那些原本欠银行贷款但是却赖账不还的一些道德不良者，他们在银行有贷款，在银

---

[1] http//passlivelihoods. org. uk, N. C. Saxena：The Rural Non-farm Economy in India：Some Policy Issues，p. 22.

[2] http//passlivelihoods. org. uk, N. C. Saxena：The Rural Non-farm Economy in India：Some Policy Issues，p. 23.

行的纵容下，他们从银行得到农村一体化发展项目资助基金，然后把它作为偿付银行贷款的款项。此外，银行贷款的设计方式也存在着问题，农村一体化发展计划资金只允许借贷一次，因此许多借贷者都抱有一种倾向，即拖延还贷时间。

（2）农村青年自主就业培训项目所存在的问题。

农村青年自主就业培训项目是农村一体化计划的重要组成部分，主要是为 18～35 岁的农村青年提供技能培训和开办企业的一些经营管理方法。据调查显示，在农村青年自主就业培训计划下受训的年轻人既没有受到任何培训，也没有得到培训计划所宣称的培训补贴（助学金 100 卢比）。在该培训计划中，其中 20～24 岁的农村劳动力中只有 5% 的人得到了职业训练，而墨西哥的这一数字是 28%，韩国是 96%。这其中的部分原因是年轻人对于教育的选择上存在着强烈的偏好，他们更愿意选择正规的学校教育，因为在传统上看来，接受了正规教育的人更容易在政府部门找到工作，正规教育的价值被大大地高估了。这也导致了对职业培训的课程的较低需求。而且职业培训的供给方也存在着问题，现存的培训机构的能力有限，所进行的培训质量较差。在政府所创办的培训机构中的培训课程往往不能直接反映市场需求。雇主也反映从这些培训机构毕业的学生的技能水平与企业要求不适应。

（3）自谋职业者计划计划存在的问题。

为了克服计划多样性带来的问题，以及改变单个个体救助模式，从 1999年开始对农村一体化计划进行了重组，其他相关计划并入单一的自谋职业计划，并采取团体救助模式。在该计划最初实施的 2 年中，785 000 个自助团体建立起来，但是只有 56 222 个能够开展经济活动。在计划开始的头三年，计划进展相当缓慢。尽管救助对象从救助个体向团体救助转变，但是对个体的救助仍然是该计划的主要特征。对资金的利用率，每个家庭投资的贷款支出以及信贷补贴率都很低。自谋职业计划被看作是贷款附带补贴计划，贷款是主要的部分，补贴金是辅助项目。尽管补贴金只是一小部分，但是在缺少任何监管机制的情况下，银行和借贷者仍然可以串通一气隐匿补贴金。反贫困项目计划中的补助金成为官员腐败的主要来源。①

---

① http//passlivelihoods. org. uk，N. C. Saxena：The Rural Non-farm Economy in India：Some Policy Issues，p. 24.

（4）农村就业计划工作换粮食等存在的问题。

农村就业计划和工作换粮食计划，这些计划的目的是为了那些在农闲时节，没有工作的人提供的就业计划，这些计划的目的是增加在农村地区的就业，然而对这些项目的评估显示，他们并没有起到应有的作用，真正的受益人并不是那些真正需要帮助的人。首先这些项目的实施面过宽，使得资源不能得到集中配置。其次，各地方政府为了套取补助给那些就业人员的资金，采取了一些欺上瞒下的手段。如在中央邦，政府在安排就业计划时不是安排在农闲季节而是安排在农忙季节，这样既可以从中央财政把资金要来，但同时又不给就业人员解决工作，从而中饱私囊。在管理上，地方政府编造用工人员花名册和登记簿导致大量原本可以用在建设农村基础设施上的资金的流失。①

由此可见，印度政府所采取的就业计划由于其政策制定和制度安排以及监管失控等原因所取得的成就微乎其微，农村一体化计划的规模超过了政府的和银行的承载和实施能力，农村一体化计划暴露的最主要的弱点是没有任何技能和经验的个体特别贫困者很难在这个项目的资助下一夜之间就会成为具有企业家精神的企业创办人。给这一群体提供技能和管理知识是一项艰巨的任务。

3. 印度农村就业计划的未来走向

工资就业计划的范例是在第六个五年计划期间实施的全国农村就业计划和农村无地就业保障计划。在 1989～1990 年，这两个计划合二为一统称为贾瓦哈尔就业计划（*Jawahar Rozgar Yojana*，简称为 *JRY*）随时间的变化 JRY 进行了一些修正，直到 1999 年更名为 *Jawahar Gram Samridhi Yojana*。1993～1994 年印度政府又提出了在落后的社区实施就业保障计划，这一就业保障计划与马哈拉施塔帮早年存在的就业保障计划有许多相似之处，但是该计划只是提供最低就业工资，而马哈拉施塔邦就业保障计划的工资标准却以市场为基础。

由于工资就业计划的许多项目目标是重叠的，因此该计划遭到越来越多的批评，为此在 2001 年 9 月，所有的工资性就业计划合并为一个计划，即

---

① http//passlivelihoods. org. uk，N. C. Saxena：The Rural Non-farm Economy in India：Some Policy Issues，p. 26.

Sampoorna Grammen Rozgar Yojana（*SGRY*），这一计划每年为农村失业者和就业不足者提供 10 亿个人/年的就业机会。成本分配在中央政府和地方之间的比例是 75∶25。该计划由于自上而下的工作方法而受到限制，为了更好地实现计划目标，印度政府改由地方潘查雅特来实施这一计划。2001 年部分区域又采取了工作换食品计划。这一计划的目的是通过提供就业为那些农村就业不足者，同时也可以为国家储备的过多的粮食扩大消费的出路。

2004 年，新一届的印度政府又开始实施新的就业计划，保证为每个农村家庭至少提供 100 天的就业机会，通过公共工程的兴修以最低工资为保障。国家咨询委员会的经济学家建议应在全国 150 个最贫困地区实施这一计划，该计划的实施为期四年。为此，印度政府要花费大量的国家预算，最初一年估计为国民生产总值的 0.5%，第四年将占到国民生产总值的 1.3%。

目前印度政府针对农村劳动力的就业问题出台了一部法案，即印度《全国农村就业保障法案》，并且已经开始实施。印度农村发展部长拉古万什·辛格说，该法案首次赋予农民就业的权利，为农民增收提供法律保障。2006 年 2 月 2 日，印度《全国农村就业保障法案》正式实施。法案规定，政府每年要为农村每个家庭提供 100 天的就业机会，工作是非技术性的手工劳动，如修路、架桥、平整土地、开凿运河、兴修水利等。工资每天不低于 60 卢比（1 美元约合 45 卢比）。该法案首次赋予农民就业的权利，为农民增收提供了法律保障。

该法案规定的农村就业具体实施办法是，每个家庭可以向村委会提交申请表，表上写明家庭成员的姓名、性别、年龄等信息。村委会根据登记情况，向申请工作的家庭发放一张工作证，工作证上贴着该家庭所有成人的照片，并且印有一个登记号。在 5 年内，该家庭任何一名成人都可以持这张工作证申请工作，但一个家庭一年只有 100 天的工作机会。村民有了工作证以后，申请的工作一次必须不低于连续干 14 天。村委会在接到申请后发给申请人一张写着申请日期的收据。按照法案规定，村民从申请之日起 15 天内就应该得到工作。如果村委会没有按时提供就业机会，则要向申请人支付相当于原工资一半的失业补贴。如果村民得到工作机会却没有上岗，村委会不向其支付任何费用。工资必须在工作结束两周之内结清。这样保证农民有了自己的上岗工作证。

为防止村委会在工作安排上操作不当，保证法案的切实有效的实施，该法案还给出一些具体的操作规范。如优先照顾妇女就业，在安排工作时妇女要占到 1/3 的比例。工作地点距离申请人住所不超过 5 千米，一旦超过，申请人有权获得 10% 的交通和生活补贴。工作地点还应该有干净的饮用水、供孩子乘凉的地方和急救药箱等。如果被带到工地的小孩达到 5 个以上，村委会必须指定一人专门看护这些孩子，其工资和其他农民工一样。如果农民在工地上因工作受伤，有权接受当地政府提供的免费医疗。据《印度时报》报道，安得拉邦已有 270 万人申请登记，拉贾斯坦邦和中央邦各有 60 万人登记，泰米尔纳德邦有 50 万人登记，北方邦也有 50 万人登记。

也有人对该计划的可行性提出质疑。首先是资金落实问题，其次是资金管理问题。法案规定，该计划所需大约 1.4 万亿卢比，其中 90% 由中央财政支付，10% 由地方财政负担。有人担心政府很难在本来就很拮据的财政支出中拨出这笔巨款。即使资金没有问题，但由于管理不力，最后所谓"农民的工资"也会掉进各级政府官员的腰包。对此，印度财政部一名官员说，农村发展是我们制定预算优先考虑的方面。至于资金管理问题，法案规定成立监督委员会进行督察。国大党（英）主席索尼娅·甘地明确要求，在实施该计划的同时要增强透明度和公开性。该法案具体实施绩效如何，我们目前还只能拭目以待。但是不管怎样说，印度政府在解决农民就业、促进农民增收问题上做出了长期不懈的努力，这一点是值得肯定和学习的。①

四、拓土垦新、促进农村劳动力就地转移

"二战"以后随着世界经济的恢复，在后发国家出现的一个显著特征就是城市化的迅速发展，而城市化的过程又表现出以下特征，即中小城市发展缓慢，而以首都等为中心的大城市发展迅速；迁移到城市中的流动人口大多是年轻人，他们流到城市后紧接着就是娶妻生子，导致城市人口增加更加迅速。这种现象造成的后果就是在后发国家普遍存在的情况是大城市人口数量

① 以上有关印度《全国农村就业保障法案》见《人民日报》2006 年 3 月 15 日第 7 版。

激增，但是普遍城市化率却落后于世界水平。这一点在亚太地区表现更加明显。

纵观人类历史上的每一次人口流动或迁徙，无不与人们希冀通过迁移和流动到更适合人居的地方，从而解决其在原住地生存或生活危机有着直接的关联。但是从事农业生产的农民有一种安土重迁的情结，不愿轻易离开自己的故乡，这一点在受到儒家思想影响的东亚地区的农村表现得更为明显，但凡农村的生活存有一线生机，他们绝不轻易地离开自己的家园。这一点正如费孝通所说，对于农民而言"定居是常态，而迁移是变态"。因此农村人口向城市的流动或者迁移主要的原因，是为了解决其生存与就业的危机。而农民的流动在后发国家的一个显著特点是流向城市具有首位地位的首都和港口等大城市，从而导致人口在地域空间积聚上的极端不合理。尽管在理论上，人口的分布可以在政府的调控下完成以便达到人口平衡配置的目标，在实践中，有许多发展中国家的政府通过采取相应的政策来重新配置人口从而达到控制首位城市人口增长的目标。各国政府可以采取多种政策重新配置人口的分布地域，从而达到控制城市人口的过速增长的目标。这些政策概括起来有三种主要的政策方法：第一，关闭城市政策，这一政策主要是限制首位城市的发展及其人口扩张；第二，转移性政策，主要目标是发展其他地区，形成新的增长极，从而疏通人们流出大城市或首位城市的通道；第三，保留政策，这一政策的主要目标是关注农村的发展从而使那些潜在的迁移者留在农村。[①] 每一种政策中又都可以细分为多种策略，如在第一种政策即"关闭城市"（closed city）的政策中，可以采取驱逐政策，即把那些没有工作或者没有固定住所的人员遣送回原籍；（这种政策对于中国人而言，我们并不感到陌生）或者采取限制那些"不受欢迎的人"在城市非正规部门就业的政策；或者通过中央计划限制住房建设或开办一些新的企业。在第二种战略即转移性战略中，政府经常采取在其他一些地区创造就业机会的办法，这些办法包括建立新的增长极（growth poles）、投资兴建中小城市或者通过拓殖开荒为没有土地者提供土地等政策。在第三种战略即抑制性战略中，政府往往采取农村发展战略、进行土地改革等措施来提高农业部门的生活水平以缩小城乡

---

① Ronald Skeldon：*Population mobility in developing countries：a Reinterpretation*，Belhaven Press，London and New York，1990，p. 193.

差距从而使农民继续留在土地上而不向城市流动。[①]

该部分内容主要考察几个典型的国家如马来西亚、菲律宾以及拉丁美洲的巴西，通过土地拓殖重建家园异地安置等措施来开发那些尚未开发的土地，以便更好地解决流动劳动力的就业问题，进而达到富裕农民的目的以及实现人口的均衡分布的政策措施。

（一）马来西亚政府拓土垦新、促进农村劳动力就地转移

1. 马来西亚拓土垦新政策出台的背景

马来西亚是一个多民族国家，目前国家总人口为 2 500 万人（2005 年的统计数据）。马来人、华人和印度人形成了马来西亚主要的种族群体，其中59% 为马来人，32% 为华人，8% 为印度人，1% 是其他种族。马来西亚继承了 19 世纪以来英国殖民统治时代所形成的多种族社会传统。在殖民地时代，由于大量华人和印度人被带到马来西亚而使马来西亚的种族构成发生了迅速的变化（华人主要从事锡矿开采，印度人主要从事橡胶种植和修铁路）。在殖民地时代，马来西亚人仍然从事着传统的农业生产，因而他们被远远地落在现代经济活动的后面，结果到 1957 年当马来西亚走向独立的时候，就形成了一种不同的种族从事不同的职业及在不同的地域生活这样一种身份界定标准。当时的马来西亚共有人口 620 万，其中 50% 是马来人，37% 是华人，而12% 是印度人。其中 80% 的马来人生活在农村地区，而大部分华人生活在城市地区。[②]

长期以来，马来西亚形成了一种特殊的资源分配格局：土著马来人控制着政治领域并占据土地和享有种族特权，土著马来人中的上层贵族掌握着国家的统治权，但是马来人大部分生活在农村地区，以小农场的方式从事着传统的经济作物——橡胶的种植。而以华人为核心的非马来人则在工商业领域等现代部门占据核心地位，从而形成了一种利益分配或平衡。随着经济和社

---

① Ronald Skeldon. *Population mobility in developing countries: a Reinterpretation*, Belhaven Press, London and New York, 1990, p. 194.

② http://www.cassey.com/FEA2004-14.pdf, Anoma Abhayaratne: *Poverty Reduction Strategies in Malaysia 1970~2000: Some lessons*, p. 4.

会的发展，马来人和非马来人的矛盾也日益突出。马来人不满于非马来人尤其是华人在工商业界的垄断地位，而非马来人又不满于马来人的各种旧的和新的特权。马来人一方面控制着土地和国家政治与军事权力，另一方面大量的马来人的经济地位很低，处于贫穷落后的状态。[①] 1957 年独立后的马来西亚，为了改变这种马来人在城市工商业经济中的无权局面，动用国家政权的力量，使农村中的马来人大量向城市迁移。政府的目的是通过国家政权的力量可以使马来人参与到城市商业和贸易活动中来，同时为马来人在城市中提供大量的就业机会，并且政府对非马来人的企业施加影响，使之接受马来人参与其企业活动。[②] 由于马来人与其他居民相比，更多地保留了农业生产、非城市化以及较少的经济进步性，向城市迁移可以为土著马来人提供相应的参与商业和贸易活动就业机会。但是尽管政府积极扶持马来人参与到城市企业中来，他们进入城市就业的速度也是比较慢的。此外，马来人到城市中的能否就业一方面取决于政府和军队等机构给予适当的就业机会，另一方面取决于，政府对非马来人的企业施加影响，使之接受马来人参与其企业。但是政府的这种做法却没有起到很好的效果，相反却带来一系列问题，加剧了社会矛盾。这是因为，尽管随着城市化进程，工业化的扩张和发展所提供的就业机会日益增多。但是在工厂、商业机构以及城市居住需求增多的刺激下，就业机会增加最多的部门主要是建筑业部门。除此之外，由于马来西亚和印度尼西亚的对峙局面，增加就业机会较多的部门是警察和部队。而制造业部门在 1947 ~ 1957 年十年间只有 7% 的增长，这种增长情况可以说是非常低的，这种较低的增长率，使得城市里很难给农村转移出来的劳动力提供就业机会。[③] 另一个原因是从农村转移到城市中来的劳动力本身也存在着一些对其在城市就业的不利因素，他们不仅缺乏技能和经验，同时他们也缺乏基本的接受新技术的教育背景。他们不习惯现代企业制度中的规则和奖惩制度、人事管理制度、非个人化的工作关系。他们对工作适应的难度由于语言文化

---

① 尹保云. 现代化通病——20 多个国家和地区的经验教训. 天津人民出版社，1999：329.

② Hawzah Sendut. *Contemporary urbanization in Malaysia* Asian Survey：Vol. 6，Num. 9，1966，p. 485.

③ Hawzah Sendut. *Contemporary urbanization in Malaysia* Asian Survey：Vol. 6，Num. 9，1966，p. 486.

和种族冲突而加剧，不良的健康状况、居住条件以及饮食情况都使得他们对城市里的工作增添了逆反心理。非熟练工人供给过剩，使得工资率保持较低的水平，从而又导致了较低的生产效率。[1]

这一政策带来的最终结果是从农村迁往城市的人口，只能在城市非正规部门中就业，要么面临就业不足，要么经受着就业不足。据当时的政府相关部门的统计数据，当时在城市里的就业情况是，男性中有 5.2%，女性中有 7.9% 处于完全失业状态，失业人数最高的城市是吉隆坡、槟榔屿和怡保，大约有 10 万人常年处于失业状态，其中又以 15 ~ 19 岁的女性和 20 ~ 24 岁的男性居多。[2] 有些人不堪忍受在城市中的贫困生活，纷纷返回农村，在这种情况下，马来西亚政府部门不得不采取新的措施，促进农村开发，实现农村劳动力的就地转移和实现农村富裕。这些措施具体包括重新分配土地、发展水利灌溉、使用化肥、采取集约耕作方式如套种和轮种等以及发展乡村企业为农村劳动力提供就业机会，政府通过提供支持农业的各种服务如研发培训补贴式信贷以及其他必要的投入价格补贴来降低农民的生产成本，提高生产率。同时马来西亚政府也在积极探索其他路径，改变农村落后局面，实现农民的充分就业与农村富裕。其中比较成功的计划如小胶园发展局提出并负责实施的小胶园农场合并计划。

在马来西亚小胶园占全国橡胶种植面积（20 169 万公顷，1982 年）的 74% 与产量（152.9 万吨）的 62%，对马来西亚橡胶种植业的兴衰及农村的繁荣具有举足轻重的地位。但小胶园大都是家庭式经营，土地面积小，资本薄弱，文化和技术水平低，只凭传统的植胶方法经营，产量很难提高，即使有新的农业技术，也因种种条件限制，不容易被接受和采用。马来西亚当局曾给小胶园投入大量更新补贴，但是由于没能解除小胶园所受的落后生产方式的束缚，未能收到预期的效果。小胶园的单位面积产量为每公顷 801.4 千克，只及大胶园（1 295.9 千克）的 62%，说明小胶园提高产量的潜力很大，而由于小胶园的生产方式的落后使得小胶园种植户成为马来西亚农村最大的

---

[1] Hawzah Sendut: *Contemporary urbanization in Malaysia* Asian Survey: Vol. 6, Num. 9, 1966, p. 488.

[2] Hawzah Sendut: *Contemporary urbanization in Malaysia* Asian Survey: Vol. 6, Num. 9, 1966, p. 487.

贫穷集团，所以改革小胶园的落后生产方式，对于农业发展与提高农村经济收入都是重要问题。统一胶园单位的工作内容主要是在有条件的地区，将邻近的若干分散的小胶园组成一个"统一种植园"，以便把土地、资金和劳动力等集中起来使用，但小胶园户仍然保留各自的土地所有权统一种植园由发展局和小胶园主代表组成委员会共同经营。发展局负责引进先进的管理体制和措施，实行严格的监督，以保证政府的拨款（胶园更新补贴、"保证收入"项目下的无息贷款等）得到合理与有效使用，制定广泛的规划以不断提高产量，并给小胶园户创造条件去开发其他作物的种植业，进行畜禽和水产养殖的副业生产，以开拓收入来源。该计划的实行情况表明是有效的、受欢迎的，仅在1979～1981的开始三年间，半岛马来西亚各州就迅速组成137个"统一种校园"，它们受到小胶园户及各州政府的重视。① 小胶园统一管理计划只是解决了小胶园户在生产方式上的困境，但是对马来西亚农村劳动力就业安置发挥更大作用的是联邦土地开发署实施的拓土垦新安置移民的计划。

2. 马来西亚政府拓土垦新的具体实施及其绩效

马来西亚移民垦殖重新安置定居计划是在政府领导下的一个官方机构联邦土地开发署所进行的土地开发和移民安置计划。1956年联邦土地开发署成立。其主要做法是在政府的资助与指导下，国家拨给每户农民4公顷土地和种苗、肥料、农药与贷款。设立技术指导机构，修建房屋和道路，开办商业与卫生服务网点。辅导农民以一定面积的土地种植政府指定的经济作物，主要是油棕、橡胶、可可、甘蔗等；其余土地农民自由种植粮食、水果、蔬菜等。这样，国家发展农业的计划便与个体农民自主选择相互补充，并糅合在一起。② 典型的联邦土地开发署的计划是在4 500～5 500英亩的土地上安置400个家庭大约2 400人，10%的土地留给各村自用，80%的土地大约每户10英亩用来耕作。其他的10%是沼泽或山地，不进行开发。定居者直到还完

---

① 陈宗德，丁泽霁主编. 改造传统农业的国际经验——对发展中国家的研究. 中国人民大学出版社，1992：103.
② 陈宗德，丁泽霁主编. 改造传统农业的国际经验——对发展中国家的研究. 中国人民大学出版社，1992：101.

所有的重新安置定居的贷款，就可以获得土地产权。① 尽管每个人都可以获得一小片土地，但是大部分农场都是采取集体耕作的方式，成为股份合作公司的一个组成部分。在该机构的领导下，到 1977 年已经开发了 91 万 8 千英亩土地，并且种植了橡胶树、油棕以及糖蔗等经济作物。在这一过程中，联邦土地开发署共安置 4 万 1 千户家庭。通过联邦土地开发署的努力，他们共开发了 200 万英亩的荒地使之成为宜耕之地，同时也使安置定居的移民过上了较好的生活，增加了农村的生产力，同时减少了人口向大城市的迁移和流动。到 1979 年，迁移定居的人口的总数为 25 万人，约占全国人口的 3%，同时为了避免迁移定居的居民点的人口出现过于拥挤的情况，政府颁布法律规定，划分给各家的土地不能进行再分割，移民者的子女必须迁到其他地方再分配土地，或者去其他地方寻求工作。② 农村里的工业成为移民后代的就业选择。联邦开发署以及马来西亚政府的其他农村发展政策看来在解决农村就业开发农村、减少农村人口向城市流动方面非常成功。为了激励农村人口由稠密地区向人口稀疏地区迁移定居，联邦土地开发署给每个新移民家庭每月300 马币的薪酬，这是当时马来西亚国人收入的平均水平的 4 倍。尽管实际到手的薪酬低于此数，但是迁移者在他们的迁移中获益颇多。③ 政府的相关统计数据也表明，迁移定居者获得了较高的人均收入。联邦土地开发署目前已经成为农林牧一体化与农工贸相结合的大企业集团，经营着新型的种植园和几十家棕油及橡胶加工厂，拥有加工、运输、贸易、保险、农艺研究等 8个子公司，以及园内外公司联营进行产品加工和生产肥料等业务。在国外设有配套的推销机构。到 1986 年，发展局总共负责实施 346 项国家发展计划，面积共 62.9 万公顷，其中 61% 为油棕，35% 为橡胶，3% 为可可，1% 为甘蔗和咖啡，给 78 500 农户、47 万人提供了劳动就业机会。联邦土地开发署现在是马来西亚出口创汇最多的棕油的最大生产者与销售者，拥有全国油棕种植面积的 31% 与产量的 25%，1982 年每公顷产油棕果实 21 吨以上，比国内

① Alan B. Simmons. *Slowing metropolitan city growth in Asia: policies, programs and results*, Population and development review, Vol. 5, No. 1, 1979, p. 94.

② Alan B. Simmons. *Slowing metropolitan city growth in Asia: policies, programs and results*, Population and development review, Vol. 5, No. 1, 1979, p. 95.

③ Alan B. Simmons. *Slowing metropolitan city growth in Asia: policies, programs and results*, Population and development review, Vol. 5, No. 1, 1979, p. 96.

大种植园的单产量高出 5% 左右，在该局管理下的小胶农 1983 年的人均月净收入接近 200 英镑①。开发署已成为马来西亚农村发展的有力支柱，对于国民经济带来深刻的影响。

（二）印度尼西亚政府的拓土垦新异地安置就业计划

印度尼西亚共和国是一个多民族国家，共有 100 多个民族，其中爪哇族 45%，巽他族 14%，马都拉族 7.5%，马来族 7.5%，其他 26%。从国土面积上来看，印度尼西亚不算大国行列，其国土面积共有 1 904 443 平方千米，但是从人口总量衡量，印度尼西亚可以说是人口大国，其人口总量据 2004 年印度尼西亚国家统计局数据是 2.15 亿，是世界第四人口大国。② 印度尼西亚的情况与马来西亚非常相似，其人口分布极不合理，例如在印度尼西亚的爪哇，其占印度尼西亚国土面积的 7%，但是却拥有印尼 65% 的人口，根据 2000 年人口普查数据，其中首都雅加达人口 838.5 万，拥有全国 1/3 强的人口总数。相反在加里曼丹岛，占有全国土地面积的 28%，却只拥有全国 4% 的人口。③ 人口分布的极端不合理，对印度尼西亚的经济发展带来了深刻的影响，早在荷兰殖民者统治时期，为了改变人口地域分布的不合理状态，减轻爪哇岛的人口压力，荷兰殖民当局就采取了一些措施，向其他地域转移安置人口的措施，从 1905 年开始，荷兰殖民当局就在小范围内展开了一些移民安置工程，但是那时的转移安置的目的是为了减轻人口地域分布不合理而带来的人口压力。印度尼西亚独立后，政府继续采取这一策略，把这一计划作为区域发展战略特别是作为一种创造就业机会的工具，因此为了能给那些到城市中寻求麦加的农村劳动力提供新的就业机会，印度尼西亚政府采取了移民垦殖，开拓新的农田从而确保其就业发展的政策。印度尼西亚的公民如果想要利用政府的移民计划需要到政府相关部门进行登记表达自己的意愿。有

---

① 陈宗德，丁泽霁主编. 改造传统农业的国际经验——对发展中国家的研究. 中国人民大学出版社，1992：104.

② 中华人民共和国外交部：http：//www.fmprc.gov.cn/chn/ziliao/wzzt/huwanlongchn/hzxcfsg/yn-bjzl/t9382.htm.

③ Alan B. Simmons. *Slowing metropolitan city growth in Asia*：*policies*，*programs and results*，Population and development review，Vol. 5，No. 1，1979，p. 90.

许多居住点可供选择，移民者移居到相关居民点，政府负责提供各种服务设施并保证其就业。大部分的移民点是在人烟较少的地区如加里曼丹、苏门答腊、苏拉威西岛、巽（xun）他群岛和马鲁古群岛等。移民主要是爪哇人和巴厘人，他们来自于人口稠密地区。从 1950 年起，移民安置就业计划获得了迅速的扩张，但是真正发挥影响作用是在 1966 年苏哈托总统当政时期。它最初计划每年移民 200 万，但是由于遇到一些问题，特别是移民点的选择，合适的移民者的选择，交通运输条件的限制以及移民所到之处的各种服务设施的限制等使其计划没有实现，结果在 1961～1965 年共转移人口 141 844 人。20 世纪 70 年代在世界银行和亚洲银行及其他国外政府组织的帮助下，每年转移安置就业人口大约在 35 000 人。在 1969～1979 年，共有 45 万人人被移民就业安置。1979～1984 年大约 535 000 个家庭进行了移民安置。移民安置被印度尼西亚政府看作创造就业机会的重要途径。① 移民在迁移过程中的运输费用是全部免费的，并给予每户大约 2 公顷的土地，一个简易的房子，一些生产工具以及 12 个月的定量配给食粮。在 1973～1974 年政府最初花费在每个迁移家庭上的成本大约是 35 万印尼盾（约等于 8 200 美元），在 1977 年政府为每个迁移家庭的支出大约是 50 万印尼盾（大约 11 500 美元）。为了节约成本，最近几年政府对于那些自发移民者自行解决迁移交通费用，到达目的地后自行开发土地并自己解决住房问题。

作为世界上最大的异地安置就业计划，印度尼西亚的异地安置计划是在政府资助和组织下进行的，到 1984 年大约资助了 56 万个家庭、230 万人口被重新安置就业。其中大约有 60% 的家庭被安置到苏门答腊岛，其他的被安置到加里曼丹岛、苏拉威西岛和新几内亚岛。② 从 1969～1989 年，大约 73 万户家庭从爪哇岛、马都拉岛和巴厘岛转移安置到南苏门答腊岛、马鲁古群岛和新几内亚岛，③ 从而在一定程度上减轻了人口密集地区人口压力，也为大量的经济活动人口提供了就业机会。

---

① Thomas R. Leinbach. *Small enterprises, Fungibility and Indonesian Rural Family Livelihood Stratrgies, Asia Pacific Viewpoint*, Vol. 44, No. 1, April, 2003, p.9.

② Thomas R. Leinbach, Adrian Smith. *Off-farm employment, land, and life cycle: transmigrant households in South Sumatra, Indonesia. Economic Geography*, Vol. 70, 1994.

③ Mohammad Zaman. *Resettlement and Development in Indonesia. Journal of Contemporary Asia*, Vol. 32, 2002.

（三）巴西地方政府的乡村再造就业计划①

在巴西，20 世纪五六十年代，随着城乡关系的开放，农村人口大批地离去向城市转移，带来一系列严重的社会问题，为了解决农村人口大批离开农村为流动劳动力提供就业这一问题，巴西的巴拉那（Parana）地方政府尝试实施了一项乡村开发再造计划，他们给那些迁移而来的定居者提供土地作为农田，保证他们可以获得基本的生活水平，并保证这些定居者持有这些土地，使他们获得一整年的体面的工作。乡村开发计划为每个村庄划出多块平均5 000 平方米的土地，在每一个平均 5 000 平方米的份地上，迁移而来的定居家庭可以获得一块 44 平方米的宅基地，居住者最终可以在此基础上根据其需求、能力进行扩大。在这样的村庄里，所有的家庭的住宅可以得到政府的保护，为了保证这种新的生活方式的成功，在村庄里工作的劳动者和他的家庭可以获得政府的技术支持、培训及其他方面的投入，国家住房部、农业部、儿童与家庭事务部以及劳动部等共同为乡村劳动者和家庭提供技术支持培训和其他方面的投入和保障。若想成为乡村再造计划的成员必须首先取得这一资格。具体要求是，该家庭的户主至少在 55 岁以上，曾经在本地生活三年以上，没有实际资产，主要以从事农业临时工作为主，所赚取的工资是最低工资。乡村建设平均在六个月时间内完成。经过允许后，村民可以获得一份贷款，该贷款可以在 30 个月之内偿还，这样可以保障村民有足够的时间耕种土地、播种和收割。之后，如果该家庭若想获得所耕种的土地，可以签署一份为期 25 年的贷款合同，以分期付款的方式来获得该土地的产权，每年以其收入的 15% 作为偿还的份额。

巴西的"再造"乡村如果有可能的话，一般都尽可能建在靠近原有的农村社区附近，利用现存的基础设施如学校、卫生保健中心、商店，以便不增加建设这些市政基础设施的负担，同时也能确保新造乡村与原有的社区居民之间的联系。这些项目主要建在农村临时劳动力较集中的区域如棉植区和蔗糖生产区。

---

① UNDP. *Rethinking Rural-urban Linkages: an Emerging Policies Priority*, New York, Oct., 2000, pp. 79 – 81.

经过技术上和农业可行性研究之后，市政当局为参加此项目的家庭所需土地进行审批。州政府为了资助农户对以市场价格的75%出让土地，购买土地的农户可以在一年之中的任何时间分48次分期付款，剩余的25%差额作为州政府的配套资金，由政府给市政当局补齐。基础设施如交通、道路、电力以及上下水的提供由州政府的相应部门提供。住房建设由农户自行解决，自主建造，在这一体制下，被选家庭知道哪一块地和哪一座房屋是属于自己，因为在工作开始之前这些就已经划分好，后来的定居者可以在村庄所划定的范围内选择一块属于自己的份地，就近购买他们所喜欢的建筑材料，雇佣所需要的劳动力，自主建造自己的房屋，这样通过自主建造房屋，一方面可以活跃当地的市场，刺激当地经济发展，另一方面可以为大量的劳动力提供就业机会。在实施乡村再造计划的三年时间内，巴拉那的地方政府共为当地临时劳动力提供了126 000个工作机会并拉动了当地建筑材料市场的增长。

农村劳动力之所以向城市迁移，一方面是城市经济发展的拉力使然，另一方面更重要的是农村贫困、环境恶化等推力造成的，改变农村贫困落后的局面，需要多个部门采取集体行动，它既是地方当局的责任，同时也是地方各个部门的责任。巴拉那地方当局的乡村再造计划在解决农村贫困，提供就业机会等方面采取的集体行动方案是一个典范。在提供耕地、住房、技术支持、柔性贷款、经营技能的培训和开发等方面都体现了多部门的协作的特点。柔性分期付款方案的实施、靠近原有乡村的基础设施以及其他社会公共设施确保迁移而来的村民可以获得便利的基础设施。同时，乡村再造计划刺激了当地建筑市场的繁荣并提供了大量的就业机会。

| 第七章 |
农村劳动力转移的非正规就业

　　在如何实现农村劳动力转移与就业这一问题上，发展经济学家进行了许多理论预设，其中最著名的就是在20世纪50～60年代，盛行的刘易斯的二元经济理论，在刘易斯看来，成功的经济发展只有通过大量的资本积累和迅速的工业增长这两种方法才能实现。通过努力实现现代工业部门的发展，以便满足国内市场的需求，也使得城市经济具备足够大的张力吸收"多余的"或"过剩的"的农村劳动力。发展中国家被这种理论所说服，并飞快地朝着实现经济上自力更生的方向前进，同时引发了农村人口向城市的大批流动。城市现代部门发展的涓滴效应并没有带动农村地区的发展，农村仍然贫困。随着农村人口不断向城市涌动，现代工业部门并没有完成对农村劳动力的完全吸纳，而是农村劳动力在向城市转移以后要么在城市中流浪，要么转移到城市传统部门即非正规部门中实现就业，城市现代部门对农村劳动力的吸纳能力极其有限。这也就是美国发展经济学家托达罗观察到的，发展中国家农业劳动力在向工业部门转移时不是从农业部门直接转移到城市现代工业部门，而是首先转移到城市传统部门，然后寻找机会再转移到现代工业部门中就业，实现农村劳动力由传统部门向现代部门的彻底转移。简言之，农村劳动力并非由传统农业部门直接转入城市现代部门，而是由农村先进入城市传统经济部门即非正规部门，因此在发展中国家存在大量的非正规就业。非正规就业成为农村劳动力转移到城市后实现自谋职业和雇佣就业的一个重要的缓冲阀，为发展中国家的农村劳动力外生性就业转移以及城市中因结构性失业而需要重新就业的城市失业人员提供了就业的机会和维持生计的手段。但是如何界定城市非正规就业，政府应该采取哪些措施来扶持管理非正规就业，在国际上一直存在着不同的声音。本部分内容主要分析非正规就业在农村劳动力转移就业中的作用以及政府对非正规就业的政策和制度安排。

一、非正规就业概念的历史演进

非正规就业中我们最常见的就是在露天或者户外工作的人，在城市的街头最直观的非正规就业形式就是那些当街理发者、擦鞋匠、街头拾荒者、贩卖蔬菜、水果等小商小贩，街头快餐叫卖者、拉车人以及街头做苦力的人等。而那些比较隐蔽的非正规部门就业的工人是那些在工厂里做工或者在小工场进行一些修修补补的工人，如修理自行车、衣料印染工、缝衣工、刺绣工、木匠以及宝石抛光工等。更具有隐蔽性的非正规部门的就业人员是在家里通过一些转包合同而从事的缝制衣服、加工食品、手工编织、刺绣、手工编织等妇女就业人员。

关于非正规部门的文献充满着各种令人混淆不清的概念，在不同的国家对非正规部门就业的称谓也有所不同。在印度把非正规部门称为无组织部门，在巴西把非正规部门就业的人员成为无劳工证者，在南非把其称为边缘部门就业，或者称为第二部门就业。而对非正规部门的称呼在不同的历史时期也是千差万别，一些早期的有关非正规部门的概念的把这一部门称作"杂货店经济"；战争时代的黑色经济；比较流行的称谓是把非正规经济叫作充满罪恶的黑社会经济；费兹称其为地下经济。[①] 由此可见关于这一概念在运用上的困惑。因此笔者认为有必要对非正规经济的概念做一个明确的考察。

非正规部门、非正规经济、非正规就业这几个概念是有着密切联系的。

---

① Klarrita Gerxhani. *The Informal Sector in Developed and Less Developed Countries：A Literature Survey*, *Public Choice*, Volume 120, Numbers 3 – 4/September, 2004, p. 6.

从严格意义上讲，"非正规就业"是"非正规部门就业"的简略提法（Informal sector employment）。"非正规部门就业"主要是指在发展中国家的城市地区中的独立工人和自谋职业的生产者组成。①非正规部门是一个与正规部门相对的概念，所谓正规部门是指在政府相关部门登记注册、享受政府的保护，其用工人员享受社会保障和相应的福利的企业和部门。

非正规就业是一个历史演进的名词。一直以来，经济学家并没有注意到正规部门之外的经济活动，社会学家和人类学家首先开始关注非正规经济部门的活动境况。直到20世纪50年代和60年代，经济学家才开始关注非正规部门的重要性，非正规经济部门也逐渐成为经济学家研究领域一个被普遍接受的话题。而真正把非正规部门带到学术领域中来并引起世人广泛关注的是社会人类学家基思·哈特。他用非正规部门的概念来描绘城市中的部分劳动力的就业状况，这些劳动力在正式的劳动力市场之外就业。哈特把所有的个体的自谋职业的经济活动都称为非正规就业。尽管哈特最初使用的非正规部门的概念主要是用来指自谋职业的经济活动，但是从此以后凡是不在正规劳动力市场就业的经济活动都被称为非正规就业。②

除了哈特在非正规部门概念上的贡献之外，20世纪70年代，国际劳工组织有关肯尼亚就业调查的报告也对非正规部门概念的提出做出了贡献。20世纪70年代初，国际劳工组织实施了一项"世界就业计划"，在该计划中，当谈到加纳和肯尼亚的就业问题时，国际劳工组织指出，在这些国家大中城市许多失业者为了生计，从事一些得不到政府主管部门认可和保护的活动。从事这一职业的是那些没有得到政府主管部门认可和保护的情况下进行商品生产或提供劳务的大量"贫困劳动力"。③在1991年召开的国际劳工大会上，国际劳工组织秘书长米歇尔·昂塞纳在其报告中对非正规部门作了详细的描述："非正规经济部门的人员是指规模非常小的商品生产者和劳务提供者，大部分是独立小业主，主要存在于发展中国家的城市地区。有些小业主仅雇

---

① 张丽宾. 非正规就业概念辨析与政策探讨. 经济研究参考, 2004 (81).

② 实际上现在看来哈特的定义过于狭窄，即使在正规部门就业的也并不完全是正规就业，如正规部门中的临时用工人员。

③ Klarrita Gerxhani. *The Informal Sector in Developed and Less Developed Countries：A Literature Survey*, *Public Choice*, Volume 120, Numbers 3 –4 / September, 2004, p. 5.

用家庭成员，也有一些雇用为数不多的雇员或学徒。他们拥有极少量的资本或没有资本，生产技术落后，生产效率极低，收入水平很低，工作不稳定。他们的经济活动之所以被称为非正规的，是因为他们中的大部分人没有在官方统计机构登记，几乎不能进入有组织的劳务市场，得不到金融机构的资金，得不到正规的教育和培训，也得不到政府的承认、支持和管理。被形势与环境所迫，他们往往在法律框架之外开展业务，尽管偶尔也在政府统计机构登记并经营，但其经营场所几乎不受社会保障、劳动法规及劳动保护措施的约束。"① 在 1993 年 1 月第 15 届劳工统计大会上，与会者通过了关于非正规经济的国际标准定义："从广义上说，非正规部门由为有关人员创造就业机会和提供收入为根本目的的，从事产品生产和劳务的单位构成，其特点是组织水平低，作为生产要素的劳动力和资本之间基本没有或没有分工，生产规模小。"② 国际劳工组织的历次大会一致秉承着这一概念内涵的界定。如在 2002 年的国际劳工组织的报告中宣称："非正规经济是指那些实际上没有受到足够的或很少受到正式制度的保护或做出安排的经济体或者个人所从事的经济活动"。③ 非正规部门一般包括 3 个类别：第一类为小型企业或微型企业。④ 这一类在经济上非常活跃，常常通过承包或分承包协议与正规部门联系在一起。第二类为家庭型企业，其活动大多由家庭成员承担。第三类为独立的服务者，包括家庭帮手、街头小贩、清洁工、街头理发师、擦鞋儿童等，这一类型为非正规部门的主体，在非正规部门的技术等级中，该类型职业所需技能水平是最低的。对于非正规部门的定义，国际劳工组织的界定一直居于主流地位。除此之外，对非正规部门进行界定的还有联合国的观点。联合国在 1993 年出版的《国民经济核算体系》中指出"非正规经济部门"是指住户所从事的各种经济的总称，住户从事商品生产与服务的目的是为了创造就业

---

① 谢文泽. 拉丁美洲的非正规经济. 拉丁美洲研究，2001（5）.

② 宋秀坤，黄扬飞. 非正规经济与上海市非正规就业初探. 城市问题，2001（2）. R. Hussmanns. *Measuring the informal economy: from employment in informal sector to informal employment*, http: //www-ilo-mirror. cornell. edu/public/english/bureau/stat/download/papers/wp53. pdf，p. 1.

③ R. Hussmanns. *Measuring the informal economy: from employment in informal sector to informal employment*, http: //www-ilo-mirror. cornell. edu/public/english/bureau/stat/download/papers/wp53. pdf，p. 2.

④ 根据国际劳工组织的定义，非正规部门包括独立的（或自谋职业的）商品生产者和服务人员以及只有几个工人而一般是 10 人以下的微型企业。

机会和增加住户的收入，是对正规经济的一种补充和调剂。① 这一定义与国际劳工组织的概念界定有相近似之处，但其内容更加宽泛。在非正规经济的定义上做出贡献的还有两位著名的学者，一位是秘鲁的学者费尔南多·德索托，他在长期研究了秘鲁的非正规部门后提出了自己的观点，他认为，非正规部门包含所有超出法律允许范围进行的经济活动以及那些国家已经默认的但不予照顾和保护的经济活动，同时他指出了非正规经济产生和存在的根源即高昂的合法性成本是非正规部门产生的根源。② 另一位是美国学者埃德加·法伊格，他从新制度经济学的角度将非正规经济进行了分类，分为非法经济、未申报经济、未登记经济和非正规经济四类。一般来说，这四类经济活动在很大程度上是互相重叠的。③ 但是在笔者看来，非法经济和非正规经济尽管有所重叠，但是必须明确区分两者之间的制度边界，否则政府在进行制度安排和政策选择时将会出现困境。非法经济一般违反法律规定，比如走私、洗钱、贩毒、卖淫等活动，而非正规经济一般是合法的。"非正规部门就业"从严格意义上讲，"非正规部门的生产者和工人一般是在令人震惊的、经常危险、不健康甚至没有基本的卫生设施的条件下生活和工作"，其就业只是在维持生计的层面，还上升不到追求体面的工作的层面。因此根据这一定义，有专业技能的人士为追求就业的灵活性而采取灵活的就业方式，由于他们并不属于社会弱势群体，所以在界定非正规就业人员的制度边界的问题上，笔者比较认同张华初的观点，他认为不能把演艺界、体育界一些人的"走穴"现象，纳入非正规就业的范围。④ 对于发展中国家而言，由于工业化水平和生产率的低下，而城市中由于剩余劳动力的大量存在，而使城市中二元经济盛行。此外由于旧的经济制度的存在（使用低技术含量和廉价的非熟练以及半熟练劳动力的生产制度）这使得非正规部门在发展中国家得以迅速发展起来。因此笔者更加认同国际劳工组织有关非正规部门的概念界定，也就是说非正规部门的概念界定应该主要考虑以下几点。

1. 从就业的性质看，非正规就业应该是一种为了维持生计的就业形式

非正规就业既然是一种扶持性的就业政策，它的制度边界应该具有特定

---

① ② 李永刚. 拉丁美洲非正规部门初探. 拉丁美洲研究. 2005 (6).

③ ［美］埃德加·法伊格. 地下经济学，郑介甫译. 上海三联出版社，1995：6.

④ 张华初. 非正规就业：发展现状与政策措施. 管理世界，2002 (11).

的属性。非正规经济是一种典型的制度边缘的经济，经常打"擦边球"活动。丁金宏指出非正规部门所提供的价格低廉的产品和服务不是靠规模经营与技术进步取得的，而是通过规避制度、偷逃税费等非制度手法取得的，一旦制度边界发生变化，非正规部门的生存空间也就相应发生变化。正是这一点要求非正规就业认定时要把非正规就业与非法经济区别开来。非正规就业是介于失业与充分就业之间的中间状态，是城市劳动力和农村劳动力转移到城市就业的蓄水池。

2. 从就业主体看，非正规就业的主体应该以弱势群体为主

根据就业状况，非正规经济可以分为两类：一类是在未经注册的小企业自主就业；一类是在没有经济保障和法律保护下的雇佣就业。[①] 随着农村剩余劳动力不断涌向城市，由于城市现代工业部门的张力有限以及劳动者自身技能和素质的限制，城市贫困和拥挤的不断增长，社会层级分化越来越严重。非正规就业有助于促进城市就业、减少城市贫困、缩小劳动力市场分割，在一定程度上有利于实现社会公平。特别是在社会制度总体安排对穷人不利的情况下，非正规就业政策向弱势群体倾斜，也有助于缓和社会矛盾，实现社会公正。"非正规就业强调对于弱势群体的扶助，其政策的边际效用比投向其他群体的效用要大得多，同时它比单纯地对弱势群体的社会救助和社会救济效果也好得多，这也正符合公共政策制定的基本原则。"[②]

3. 从就业规模上看，非正规就业是以小型企业和微型企业为主的就业形式

非正规就业与小型企业和微型企业之间本来没有必然的联系。但在全球化背景下，中小企业的地域性特点，特别是小企业的地方就业效应，在各个国家都得到重视，他们纷纷制定小企业促进法，促进并保障小企业的开办。国际劳工组织也十分强调小企业的就业功能，因而把小企业纳入非正规就业范畴。[③]

---

① Martha Alter Chen, Marilyn Carr, Joann. Mainstreaming Informal Employment and Gender in Poverty Reduction: A Handbook for Policy-makers and Other Stakeholders, London, Marlborough Ho, p. 35.

②③ 乔观民等. 对城市非正规就业概念理论思考. 宁波大学学报（人文科学版）. 2005（4）.

二、非正规部门就业出现的原因

对于城市非正规就业出现的原因，不同的学者从不同的角度给出了不同的解释，而且由于地理区域的不同以及所处社会发展阶段的不一致，非正规部门就业出现的原因也有所差异，如在发达国家、转型国家以及欠发达国家，非正规部门的就业出现的原因有很强的异质性。对于发达国家的非正规就业出现的原因我们在这里不作考察，笔者主要考察后发国家非正规就业出现的原因。根据现有的资料分析，后发国家城市非正规就业出现的原因主要有以下几点。

1. 城市人口的快速增长与现代工业部门张力有限之间的矛盾，使得城市非正规部门就业人口不断增加

正如在本书第一部分所分析的，第二次世界大战以后，由于医疗和卫生设施的改进，后发国家的人口和劳动力激增，而后发国家不论是采取进口替代的工业政策还是出口导向的工业化政策，其带来的后果都是城市人口的迅速增长。第二次世界大战以后，在发展中国家的高速度城市化增长进程中的经验材料表明其中有 1/3 到一半以上的城市人口是由农村地区流入的。即使城市中存在着许多问题，农村人口仍然源源不断地涌向城市，而且目前这种情况由于国际贸易国际资本的流动以及发展中国家劳动密集型经济增长的政策而得到加强。[1] 由于农村人口的大量涌进，城市人口激增，仅在拉丁美洲地区从 1950～1990 年城市化率由 1950 年的不到 50% 增加到 1990 年的75%。[2] 尽管城市工业部门得到了不断的发展，但是很难为不断增加的农村迁移到城市中的全部劳动力提供充足的正规部门的就业机会，这是导致非正规就业部门出现的主要原因。除此之外，在 20 世纪 80 年代拉丁美洲国家发生的债务危机以及 20 世纪 90 年代在东南亚国家爆发的亚洲金融危机，使得这些地区的国家进行产业结构调整，带来了大量的结构性失业劳动力，为了

---

[1]　Bint T. Nguyen. *Rural-urban Migration and Unemployment in Developing countries* p. 3.

[2]　Rossana Galli. *Labor Standards and Informal Employment in Latin America*, http: //training. itci-lo. it/decentwork/staffconf2003/documents/Galli%20 Kucera%20 Informal%20 Short. pdf, p. 1.

生计，这些劳动力加入非正规就业的大军中来。

2. 高昂的制度成本使企业的开办走向非正规化

许多后发国家的公民之所以要采取非正规的形式就业而不是走正规化道路，其中的根本原因是有些国家的政治经济制度存在着问题，以及决策的非民主化、政府服务的质量较差，这些因素使得开办企业登记注册将要付出较高的代价，因此也就消除了人们按照政府的规则去登记开办企业的动机。其中最普遍的例子就是高额税收政策。高税率和质量较差的税收管理政策导致偷税漏税的发生，并使人们的经营活动转向非正规部门。

由于制度上障碍，使得在某些后发国家登记注册开办企业成为一件烦琐和冒险的事情。首先进行征地活动是开办企业所要进行的第一步。缺少产权保障降低了人们登记注册财产所有权的激励。这一点在德索托所著《资本的秘密》一书中有着详细的说明。德索托举例说明了在一些国家为开办企业而进行的征地审批活动所要进行的烦琐程序，在菲律宾，为了开办企业而征地需要 168 个行政步骤，包括 53 个公共部门的审批和私人机构的认可，花费的时间大约是 13～25 年。在海地，大约需要 111 个行政步骤的审议，大约花费12 年的时间才能审批下来。[①]

企业注册需要更多的烦琐程序，企业创办人需要不得不面对进一步的高昂的和复杂的执照和许可证制度。根据哈佛经济研究院最近的一项对 75 个国家的开办企业的官方许可证的调查结果表明，在加拿大开办企业需要两个行政步骤、花费两天的时间、耗资 280 美元。而在玻利维亚需要经过 20 个行政审批步骤、花费 82 天、耗资 2 996 美元。[②] 根据世界银行在 1999～2000 年对10 000 个企业进行的调查显示，在发展中国家，人们开办企业之所以愿意采取非正规形式主要是由于以下原因决定的，如税收和管制政策、资金困难、通货膨胀、政治动荡或者不稳定，除此之外，人们倾向于开办企业的非正规划的另外的原因就是腐败、汇率问题以及街头犯罪的严重性。[③]

3. 人力资本的匮乏，使就业形式走向非正规化

在后发国家中，由于部分国家长期实行城市偏向政策，包括教育在内的所有公共资源向城市倾斜，不但导致城乡差别的加大，由于农村资源的过分

---

①②③　Niklaus Eggenberger-Argote. *Informal Sector support and poverty Reduction*, http://www. gersterconsulting. ch/docs/PRSP_PSD_informal_sector. pdf, p. 5.

抽取而使农村日益贫困化。教育的非均衡化发展，导致农村人力资本不断弱化，因而当农村劳动力向城市转移后很难跨越城市正规部门就业对人力资本较高要求的制度门槛，因此大部分集中在非正规部门就业，而且大部分集中在城市非正规就业的最底层。非正规部门成为农村劳动力转移到城市后的主要就业形式。

4. 城乡收入差距使非正规就业成为农村流动劳动力的就业选择

农村的绝对贫困城乡收入差距的强烈反差，使城市非正规部门就业成为流动劳动力增加收入重要途径和无奈选择。由于城乡之间收入差距的存在，在城市的拉力和乡村的推力的作用下，农村劳动力向城市大量流动，但是由于在发展中国家的城市由于技术类型的选择存在大量的长期的失业人口，因此流动到城市的农村人口不可能马上在城市正规部门中找到报酬叫高的就业机会，他们"要么处于完全失业状态，要么就是进入城市传统部门或者非正规部门寻找像小摊贩、叫卖小贩、修理工和巡回商人等这样的临时的和零星的工作。"[1] 因为这些传统和非正规部门易于进入，经营规模小，相对竞争价格和工资决定具有优势。由于城乡差距的强烈反差，根据调查显示，即使在城市非正规部门中从事条件最差的职业的工资报酬所得也要比在农村就业所得的报酬基本持平或者高于农村的收入，这一点在1972年国际劳工组织对肯尼亚的调查以及在印度的非正规职业调查中都得到了很好的证实。[2] 非正规就业成为农村劳动力向城市转移后在城市中寻求就业机会的重要路径和维持生计的重要手段。

三、非正规就业的贡献

从非正规就业的地区分布情况来看，非正规部门就业在全球范围内都发

---

① ［美］M. P. 托达罗. 经济发展与第三世界. 印金强，赵荣美译. 中国经济出版社，1992：241.

② Biswajit Banerjee. *The Role of The Informal Sector in the Migration Process：A Test of Probabilistic Migration Modlesand Labour Market Segmentation for India Oxford Economic Papers New Series*，Vol. 35，No. 3，1983，p. 402.

挥着重要的作用。在亚洲地区，非正规就业占全部就业总量的65%，在南部非洲地区占到就业总量的72%，北部非洲的非正规就业的比例是48%，拉丁美洲地区的非正规就业的比例是51%。全球平均总计45%～50%。[①] 非正规就业[②]的成员中到底有多少是来自于农村转移到城市中的农村剩余劳动力？对于这一数据，很难得到各国官方的准确统计数据，而且在具体操作上也存在困难。根据近年来城市化进程来看，在发展中国家中，由于城市化进程的加快，在每年增加的城市人口中有60%是来自于农村转移到城市中的劳动力，而且，由于受到城市拉力和农村贫困以及其他推力的作用，农村中转移到城市中的大部分为青壮年劳动力。但是由于发展中国家农村人口受教育程度偏低，农村劳动力的素质及技能低下，使之在城市就业竞争的条件下处于不利地位，只好到城市用工门槛较低的非正规部门就业，而且可以肯定地说，在城市非正规部门就业的农村转移劳动力不在少数，这可以说是发展中国家目前存在的普遍现象。因此我们在考察非正规部门的贡献时，只能把非正规部门的情况作为一个整体加以考察。那么非正规部门就业在发展中国家到底有什么作用？

1. 非正规部门就业大大缓解了农村流动劳动力的就业压力

非正规部门就业，极大地缓解了发展中国家的就业压力。根据国际劳工组织2002年的统计数据分析，在亚非拉各州，非正规就业在城市非农经济部门的就业中占据了很大的比例，提供了大量的就业机会。如在北非，非正规部门的就业占城市非农部门就业的比例是48%，撒哈拉以南非洲非正规部门的就业占城市非农部门就业的比例是72%，亚洲的统计数据是65%，拉丁美洲的统计数据是51%。[③] 在贫穷国家（1993年人均年收入在695美元以下的国家），22%的劳动力在农村从事非农业活动以及在城市的非正规部门就业；在中等收入国家（1993年人均年收入在695～8626美元的国家），18%的劳

---

① Martha Alter Chen, Marilyn Carr, Joann. Mainstreaming Informal Employment and Gender in Poverty Reduction: A Handbook for Policy-makers and Other Stakeholders, London Marlborough Ho, p. 50.

② 在笔者所查阅的有关资料中，只看到拉丁美洲国家哥伦比亚农村劳动力向城市转移后在城市非正规部门就业的比例的分析材料，根据资料所载，从1984～2000年从哥伦比亚农村迁移到城市的经济活动人口中从事非正规部门就业的女性劳动力为全部迁移人口52.6%，男性劳动力从事非正规部门就业占全部迁移人口的比例为52.1%。参见 Carmen Elisa: Migration and the Urban Informal Sector in Colombia, http://pum. princeton. edu/pumconference/papers/4 - Florez. pdf, p. 16.

③ ILO. Women and Men in the Informal Economy: A Statistical Picture, Geneva: ILO. 2002, p. 7.

动力在农村和城镇从事非正规部门的活动，例如，1989 年在加纳的劳动适龄人口中，59% 的人属于自谋职业者；在马来西亚这一比例达到 20%；① 在巴西，大约 7 100 万劳动力即总人口的 44.7% 在非正规部门就业。从严格意义上来说如果把目标锁定在经济活动人口范围内（15～64 岁），那么巴西在非正规部门就业的人口将占到 64.4%②。在拉丁美洲其他国家，非正规就业对吸收劳动力减缓就业压力也发挥着重要的作用。从 1990～1997 年巴西主要国家的非正规就业都占全部就业人口的一半以上。如在阿根廷非正规就业占全部就业人口的 51.2%，玻利维亚占 59.4%，智利 50.6%，哥伦比亚 55.1%，厄瓜多尔 56.3%，墨西哥 57.6%，秘鲁 54.9%。③ 在西非，大多数国家的非正规部门的就业比例达到一半以上。在布基那法索和塞拉利昂，非正规部门的就业比例高达 75%。印度尼西亚拥有世界上规模最大的非正规部门经济，印度尼西亚的非正规部门为劳动力提供了大量的就业机会，在 1980～1990 年这十年中，印度尼西亚的经济活动人口在非正规部门就业的人数占其全部劳动力的 60% 多。在 1998 年，在农村地区从事非正规部门经济的劳动力为 4 300 万人，在城市中在非正规部门就业的劳动力为 1 400 人，大致相当于印度尼西亚劳动人口的 65%。④

2. 非正规部门就业成为经济增长的重要源泉

非正规经济部门对经济增长的作用一直以来很少受到关注。直到最近几年，非正规经济部门对经济增长的贡献才得到人们的注意。在联合国秘书处统计分配部的支持下，雅克·查米斯计算了 24 个国家的非正规部门对国民经济增长的贡献（其中 14 个国家撒哈拉以南非洲，2 个国家在北部非洲，7 个亚洲国家，1 个国家在拉丁美洲）。在撒哈拉以南非洲，非正规部门经济对整个国民生产总值的贡献最低的南非为 7%，最高的尼加拉瓜和莫桑比克为 38%；在亚洲，非正规部门经济对国民生产总值的贡献最低者是韩国，占国

---

① 黄乾，原新. 非正规部门就业：效应与对策. 财经研究，2000 (2).

② Marcelo Cortes Neri. *Decent Work and Informal Sector in Brazil*, http：//epge. fgv. br/portal/arquivo/1309. pdf, p. 3.

③ Rossana Galli. *Labor Standards and Informal Employment in Latin America*, http：//training. itci-lo. it/decentwork/staffconf2003/documents/Galli% 20 Kucera% 20 Informal% 20 Short. pdf, p. 18.

④ EDI Suharto. *Human Development and Urban Informal Sector in Bangdung, Indonesia：the Poverty Issue New Zealand Journal of Asian Studies* 4, 2December, 2002：115 – 133, p. 116.

民生产总值的 16% , 对国民生产总值贡献最多的国家是印度, 占整个国民生产总值的 32% ; 在墨西哥, 非正规部门经济的贡献占国民生产总值的比例是 12% ~ 13% 。[1] 由于非正规部门具有投资少、进入障碍少和机制灵活等优点, 非正规部门的发展与就业效应既能节约国家投资, 也能极大地推动经济增长。世界银行调查资料显示, 非正规部门发展与就业对西非大多数国家国内生产总值的贡献值在 1/3 至一半左右, 例如, 乍得和几内亚的这一贡献值分别达到 66% 和 62% 。另外, 联合国的资料显示, 赞比亚全部产值的 1/3 , 印度尼西亚的工业、运输业和服务业总产值的一半来自于非正规部门。在亚洲运输业中, 非正规部门的产值所占比例为 30% ~ 40% , 服务业的比例为 20% ~ 60% 。[2] 人们从中可窥见非正规部门在经济增长中的巨大作用。

3. 非正规就业成为妇女就业的主要机会, 有助于实现就业机会的男女平等

在发展中国家非正规就业成为女性妇女就业的主要机会。在发展中国家, 60% 的妇女的就业机会是来自于非正规就业。在北非地区妇女占非正规就业总量的 43% , 在撒哈拉以南非洲, 从事非正规就业的女性占全部女性劳动的 84% , 而男性从事非正规就业的劳动人数为全部男性劳动力的 63% ; 在拉丁美洲妇女从事非正规职业的比例为 56% , 而男性劳动力为 48% ; 在亚洲从事非正规就业的男女劳动力各自的比例分别为 65% 。[3] 从不同区域的国家中女性劳动力在非正规部门中的就业情况也可以看出非正规部门成为妇女就业的主要路径, 表 7 -1 可以清楚地说明这一点。

表 7 -1　　　　　　　　按性别划分的在非农业的非正规部门中受雇和
自雇的就业情况 (1994 ~ 2000 年)

国家和地区	自雇者百分比			受雇者百分比		
	总计	女	男	总计	女	男
北非	62	72	60	38	28	40
阿尔及利亚	67	81	64	33	19	36

---

① ILO. *Supporting Workers in the Informal Economy*: *A Policy Framework.* 2002, Genava, p. 13.

② 黄乾, 原新. 非正规部门就业: 效应与对策. 财经研究, 200 (2).

③ Martha Alter Chen, Marilyn Carr, Joann. Mainstreaming Informal Employment and Gender in Poverty Reduction: A Handbook for Policy-makers and Other Stakeholders, London, Marlborough Ho, p. 53.

续表

国家和地区	自雇者百分比			受雇者百分比		
	总计	女	男	总计	女	男
埃及	50	67	47	50	33	53
摩洛哥	81	89	78	19	11	22
突尼斯	52	51	52	48	49	48
撒哈拉以南非洲	70	71	70	30	29	30
肯尼亚	42	33	56	58	67	44
南非	25	27	23	75	73	77
拉丁美洲	60	58	61	40	42	39
巴西	41	32	50	59	68	50
智利	52	39	64	48	61	36
哥伦比亚	38	36	40	62	64	60
墨西哥	54	53	54	46	47	46
亚洲	59	63	55	41	37	45
印度	52	57	51	48	43	49
印度尼西亚	63	70	59	37	30	41
菲律宾	48	63	36	52	37	64
泰国	66	68	64	34	32	36

资料来源：国际劳工组织，2002 年。

四、非正规就业面临的困境

正如前文所述，根据国际劳工组织的定义"城市非正规部门是指城市中的一些经济体，他们主要是自己经营或者与家庭中的其他成员进行合作或者雇佣很少量的劳动力，这些劳动力或者是不付报酬的或者是临时的雇佣人员，以这些为特征的经济体的经营活动被称为城市非正规部门。这些非正规部门往往是一经营比较小的规模的微型企业，组织和管理水平较低下，劳动和资本基本上没有区别开来，他们的经济活动的主要目的就是在生产和服务中实现就业和赚取一定的收入以供家用。"这种工作的性质和特点就决定了非正规就业的群体将面临一系列的困境和不利因素。这些困境和不利因素具体表现在：

1. 工作和生活环境恶劣

不适当的安全防护设施和健康标准以及环境危险是非正规就业者面临的主要风险和不利因素。从工作条件来看，非正规部门就业人员的工作场所，往往不具备相应的安全设施，也不存在职业健康服务，这些给非正规部门的从业人员带来很大的身心伤害和损伤，加重了国民经济的负担，削弱了非正规部门从业人员的家庭和个人的生活质量。保护非正规部门就业人员的健康和福利是一项具有挑战性的工作，它需要全社会的联动。

从居住条件来看生活，大部分非正规部门的就业人员居住在贫民窟里，缺乏基本的健康和福利设施以及相应的社会保护。对于许多非正规部门的就业人员，其工作场所和住所往往在同一个地方，很容易遭受疾病和其他不利于健康的因素的侵袭。许多微型小企业部门的非正规就业人员他们的住所往往是一些不安全的居住地，在这样的场所里，没有基本的卫生设施、便利的供水条件以及没有固体垃圾的回收设施，给其身体健康埋下了隐患。

2. 就业不足和超负荷劳动是该部门就业人员面临的又一困境

在后发国家的非正规部门就业情况的调查显示，劳动力就业不充分或超负荷劳动是大部分非正规就业的主要特征。在萨尔瓦多，到 2002 年，大约 2/3 的劳动力非自愿性地每周工作少于 40 小时，或者每周工作时间在 40 小时以上，但所赚取的工资报酬却低于最低工资。在这些从事非正规职业的劳动力中，其中 86% 的人员每周的工作时间大于 40 小时，但是报酬却低于最低工资，其余 14% 的从事非正规就业的人员却处于非自愿性的就业不足状态，每周工作时间低于 40 小时。在埃及，非正规就业工人的工作时间大大超过正常的工作时间，但是却没有格外的报酬补偿，为了获得足够的工资和维持生计，他们每天的平均工作时间要大大超过正规就业的工人的平均工作时间。①

在印度古吉拉特邦的 2000 年一项调查显示，调查人员共调查了 611 名在城市非正规部门就业的工人，他们发现，在非正规部门就业的劳动力中，自谋职业的非正规就业的年平均用工天数多于临时性质的非正规就业人员和家庭雇佣就业人员的年平均就业天数。临时工大约就业 254 天；计件工人的用

---

① Martha Alter Chen, Marilyn Carr, Joann. Mainstreaming Informal Employment and Gender in Poverty Reduction: A Handbook for Policy-makers and Other Stakeholders, London, Marlborough Ho, p. 139.

工天数约等于 259 天；自谋职业人员的就业天数大约是 321 天；雇佣就业的人员的就业天数 354 天。但是这一统计数字掩盖了严重的就业不充分，实际上在调查中显示，在非正规就业中的实际用工天数在一年中不足 150 天。临时工的年均就业天数为 137 天占其总数的 36.3%。计件工人中有 24.7% 的用工人员的就业天数平均不到 113 天。在自主就业中大约有 9.8% 的工人的平均工作天数不到 67 天。① 除了就业不充分和超负荷劳动之外，就业的不规律性也是非正规部门就业者面临的主要问题，其中最不固定的就是计件工人和临时工。由于工作的不稳定性，非正规部门就业的工人经常要同时从事多个工作，甚至在一天之中也要不断变换工作。在一年之中从事多个职业甚至在一天之中从事多个工作成为非正规部门就业的人员的一种安全保障。印度的古吉拉特邦的调查资料显示，其中有 27% 的工人在一天之中要从事多种不同的工作。有 40% 的工人在一年之中要从事多种工作。② 在发展中国家即使是那些自谋职业者仍然处于经济上的不安全，他们的不安全主要来自于缺少信贷支持和市场，缺少继续扩大企业规模的资金和产品销路严重制约着子模职业者扩大经营。

3. 容易遭受一系列职业健康风险

从所从事的工作来看，在非正规部门就业的人员，其所从事的职业往往是一些高风险的苦脏累的工作，更加恶化了非正规部门就要人员的健康水平，这些危险因职业的不同而不同，比较显著的问题是照明设施的不足、缺乏通风设备，过热的工作场所，缺乏保护性设施，直接面对有害化学品和粉尘污染以及长时间的工作。③ 除此之外，如接触有危险的物质如火柴生产者、烟火的伤害、玻璃厂、石灰笔生产、陶制品生产。工作时间过长，如计件工人，流动商贩的超时劳动；缺少技术培训；心理健康风险，如长期的恐惧心理，对遭受性骚扰的紧张心理、警察的刁难、承包商的刁难以及失去工作的风险；遭到驱逐、亏欠债务以及半失业状态等。尽管如此，由于非正规部门就业的

① Martha Alter Chen, Marilyn Carr, Joann. Mainstreaming Informal Employment and Gender in Poverty Reduction: A Handbook for Policy-makers and Other Stakeholders, London, Marlborough Ho, p. 146.

② ILO. Social Protection For Informal Workers: Insecurity, Instruments and Institutional Mechanism, Geneva, 2003, p. 26.

③ Onkarnath Chattopadhyay. Safety and Health of Urban Informal Sector Workers, Indian Journal of Community Medicine, Vol. 30, No. 2, April-june, 2005, p. 46.

边缘化、隐蔽化，有时很难计算其真实身份，因此也很难获得相应的健康、伤残、财产、失业和人寿保险；没有或者很少的工人福利和权益，如病假工资，加班补偿金等；没有或者很少的以就业为基础的社会保护，很难获得进入正规职业的途径；不确定的法律地位以及缺少组织性，使他们很少能在政治上获得发言权，为自己的权益去呼吁，处在弱势群体的地位。

4. 工资水平低，处于维持生计的水平

非正规部门就业人员的工资较低，许多国家的非正规部门的就业的收入所得只够维持基本的生计。如调查人员 2000 年在印度的 Ahmedabad 进行的调查发现，卷烟女工的日工资为 25～35 卢比，肥皂、大蒜和洋葱售卖者每天的日净收入为 4 085 卢比；蔬菜、水果小贩的日收入男性小贩为 80～100 卢比，女性小贩为 25～30 卢比，熟练的女性小贩的日收入为 60～100 卢比；箱包售卖者的日净收入为 100～165 卢比；个体裁缝店的日收入为 125～145 卢比；个体经营刺绣店的日收入为 165 卢比；个体经营轮胎修理部的日收入为 350 卢比。在小企业就业的工资收入情况，机器织布工厂的日收入为 4～45 卢比，刺绣工场的日收入 65～85 卢比；缝衣工的日收入为 100～140 卢比。[①] 而在 2000 年的时候，美元与卢比的比价是一美元大致相当于 45 卢比，如果按照国际上规定的贫困线即每天消费不足一美元，为绝对贫困人口来计算，在非正规部门就业的部分用工人员，其日净收入上不足一美元，在非正规部门就业的人员，有一部分就业人员尚未脱离贫困线，由此可见，其工资水平是很低廉的，甚至不够维持生计的水平。

非正规部门就业的人员其所遭遇的风险因其所从事的不同的职业而有所不同，归纳起来，与正规部门就业人员相比，非正规部门的就业人员主要面临着三种风险：第一，尽管在非正规部门就业的人员与正规部门就业的人员一样，都要面对疾病、财产损失、老年保障和死亡等风险，但是非正规部门就业人员由于其工作和生活条件的限制，更容易经受这些风险。第二，在非正规部门就业的人员比正规部门就业人员更易遭受工作危险，那些受雇于非正规部门就业人员基本上没有工作保障，赚取低工资、低报酬，基本上没有工作福利，基本上处在没有安全保障和不健康的工作条件之下。而那些自谋

---

① Martha Alter Chen, Marilyn Carr, Joann. Mainstreaming Informal Employment and Gender in Poverty Reduction: A Handbook for Policy-makers and Other Stakeholders, London, Marlborough Ho, p. 146.

职业的非正规就业人员，经常缺少足够的市场信息，缺少相应的技能，也缺少进入现代市场的机会。第三，那些在非正规部门就业的人员没有或者很少有机会进入正规部门就业，即使在正规部门就业的非正规就业人员由于缺少进入正规部门就业的机制，也很难成为正规就业部门的成员。而非正规部门经济由于后发国家的社会转型和结构调整，存在大量的结构性失业人口，再加上城市化进程中农村劳动力不断向城市迁移，这些因素的存在使得非正规部门就业形式将在一定的历史时期内长期存在，因此如何使非正规部门能够良性发展，怎样保障非正规部门就业人员的福利、安全，如何保障其权益，就成为后发国家政府不得不面对和解决的问题。

第八章

促进农村劳动力转移就业的政策供给

一、扶植城市中小企业，增大农村
转移劳动力的就业载体

（一）中小企业的界定

中小企业在各国经济发展和就业增长中占有十分重要的地位。但是从世界范围来看，由于各国的社会历史背景不同，所处的经济发展阶段不同，目前多数国家还没有法定的、统一的中小企业的定义，因此对于如何界定中小企业各国的界定内容和角度都略有不同。对中小企业的概念的界定一种办法是从定性的角度加以界定。如美国1953年颁布的小企业法规定：凡是独立所有和经营并在某行业领域不占支配地位的企业均属小企业（美国企业没有中型概念，只有大小之分，小企业实际上包含一部分中型企业）。第二种界定办法是从定量分析的角度加以界定。这种定量分析主要是从中小企业与大企业的规模的相对性的角度来加以界定的，但是经济规模大小不同的国家（或地区）界定中小企业规模的定量标准是不同的。例如，在丹麦，从业人员200人以下的企业是中小企业；在意大利和法国，中小企业从业人员的上限为500人，而在美国的某些行业，比如飞机制造业，从业人员在 1 000～

1 500 人的企业仍属小企业。目前世界各国（或地区）通用的中小企业界定标准主要用量化指标来划分，根据这一标准，世界各国（或地区）中小企业界定的标准大致可分为三类。一类是以单一从业人数作为界定标准。如有的国家把从业人员在 500 人以下的企业界定为中小企业，如意大利和法国、丹麦、爱尔兰、荷兰、墨西哥等国。在韩国，中小企业和大企业进行了严格的划分，一般规定，雇用工人 5～19 人的企业为小企业，20～199 人的企业为中型企业，200 人以上的企业为大企业。[①] 第二类是既用从业人数作为界定标准又用资本额或营业额作为界定标准。如日本现在沿用 1973 年修改《中小企业基本法》后规定的划分标准：工矿业和运输等行业其从业人员在 300 万日元以下者。第三类是同时采用从业人员和营业额作为界定标准，但不同行业选取的标准不同。如美国，制造业用从业人员作为界定指标，从业人员在 1 500 人以下的企业为小企业，但具体到不同的行业，美国小企业管理局又进一步区分和细化了界定标准。零售、批发、建筑、农业是以营业额作为界定标准。同样，不同行业所选取的指标也不一样。

（二）中小企业对就业与增长的贡献

中小企业（small and medium enterprises，简称 SMEs）是各国政策研究和分析的重要主题。这是因为中小企业在任何一个国家的经济发展中都占有着重要的地位。它们雇佣的劳动力占各国工业部门就业的劳动力的 60%，以及创造着工业部门近一半的生产产出，中小企业的发展是工业化进程中的一个重要因素。表 8 - 1 是对拉丁美洲和加勒比海地区部分国家的中小企业在提供就业和生产产出方面的贡献的分析。从表中我们可以看出，除了玻利维亚以外，中小企业在就业上的贡献都在 40% 以上，在巴西，中小企业提供的就业机会占整个制造业部门的 66.8%。

---

① World Bank Work papers, Linsu Kim, Jeffrey B. Nugent. *the Republic of Korea's Small and Medium-size Enterprises and Their Support Systems*, p. 1.

表8-1 拉丁美洲地区部分国家中小企业就业与产出占制造业部门的比例

国家	时间	企业规模（人）	就业百分比（%）	产出百分比（%）
阿根廷	1993	6~100	44.6	35.9
玻利维亚	1994	5~49	26.1	17.6
巴西	1997	20~499	66.8	60.8
智利	1996	10~199	52.7	37.1
哥伦比亚	1996	1~199	52.5	33.3
墨西哥	1993	10~250	44.6	31.1

资料来源：Wilson Peres and Giovanni Stumpo. *Small and Medium-sized Manufacturing Enterprises in Latin America and the Caribbean Under the New Economic Model*, World Development VOL. 28, No. 9, p. 1645.

在东亚地区，以韩国为代表，中小企业在韩国劳动力就业中也占据着重要地位。韩国的中小企业对制造业部门的就业的贡献在1963年时达到66.4%，而在1976年下降到37.6%，之后开始一路回升，到1988年时，中小企业在韩国制造业部门提供的就业机会达到51.2%。[1] 在南亚地区，以印度为例，根据1972年的普查材料，14万家小型企业提供了165万个就业机会。据小型工业发展组织提供的数字，1972年在小型工业中就业人数为350万，1978年在32万家小型企业中就业的人数为580万人，1985~1986年在80万家小型企业中就业的人数960万人。[2] 在由此可见，中小企业在实现就业方面的贡献与作用。中小企业在推动经济增长、增加就业机会和保持经济发展的活力等方面的积极作用日益突出。不论是在发展中国家还是在发达国家，政府都十分重视中小企业的发展。在发展中国家中小企业已经成为实现经济增长和社会发展目标的重要手段。同时中小企业本身所具有的优点和自身发展特征对于各国的就业增长特别是在发展中国家发挥着大企业所不可替代的作用。在发展中国家，一般来说，小企业的布局比大企业的布局更加分散，有利于各个地区的均衡发展，中小企业的技术选择由于受到资金技术的限制，往往采取劳动密集型和中间型的技术，有利于非熟练工人在中小企业

[1] World Bank Work papers, Linsu Kim, Jeffrey B. Nugent. *the Republic of Korea's Small and Medium-size Enterprises and Their Support Systems*, p. 1.

[2] ［印］鲁达尔·达特，K. P. M. 桑达拉姆. 印度经济（下）. 雷启淮等译. 四川大学出版社，1994：333.

获得就业机会，也有利于有效地利用劳动力和市场并提供有竞争力的产品和服务。开办中小企业所需资金数量较少，技术类型要求相对较低，进入中小企业就业的相对容易，因此中小企业往往成为农村中受过一定教育和具备一定技术基础的转移劳动力的就业路经，各发展中国家政府为促进中小企业的发展，一般都是采取支持的政策。

（三）各国对中小企业的支持政策

（1）日本对中小企业的支持政策①。

中小企业在日本经济中占有十分重要的地位。日本在通产省内设中小企业厅，制定了《中小企业基本法》，以后相继制定了《中小企业指导法》《中小企业现代化促进法》《中小企业信用保险公库法》《中小企业现代资金助成法》等30多种专项法规，从而形成了较完整的保护中小企业的法律体系，扶持占全国企业总数99%的中小企业发展生产。提高中小企业的信息化程度是日本扶持中小企业发展的一项重要举措。日本对中小企业的贷款援助以政府设立的专门的金融机构为主。目前，这样的金融机构有"中小企业金融公库""国民金融公库""商工组合中央金库""环境卫生金融公库""冲绳振兴开发金融公库"等。他们向中小企业提供低于市场2~3个百分点的较长期的优惠贷款。此外，日本政府还设立"信用保证协会"和"中小企业信用公库"，为中小企业从民间银行贷款提供担保。风险基金是政府或民间创立的为高新技术型中小企业创新活动提供的具有高风险和高回报率的专项投资基金。其中欧美等国家多由民间创立，而日本等国主要由政府设立。日本对中小企业的税收优惠政策主要有：①降低中小企业的法人税率；②中小企业法人债务在次年不必全部清账，还可提取16%作为积累；③对技术含量高的中小企业所购入或租借的机器设备减免所得税；④中小企业共同使用的机械设备减征固定资产税。此外，日本还在其他很多方面给予中小企业以税收优惠。

（2）韩国对中小企业的支持政策。

韩国为了创造公平竞争的环境，制定了《中小企业基本法》《中小企业

---

① 郎丽华. 中小企业社会服务体系的国际经验及其对我国的启示. 中国集体经济，2005（1）.

购买法》《公平交易法》等；韩国政府在为中小企业培训人才方面提供了积极的支持。仅中小企业振兴公团的研修院在1982年初建时就投资了2 687万美元。1992年预算800万美元也由政府拨给，配备完好的教学条件。该院由研修部、教授团、管理部三个部分组成，开设119门课程，课程内容丰富多彩，学以致用。办班时间不等，最长三个月，最短两天，教学效果颇佳，每年为中小企业培训近40 000人。[1]

（3）泰国对中小企业的支持政策。

为恢复和增强遭受金融危机打击下的中小企业，泰国政府首先从法律上保障中小企业的发展，制定了《中小企业促进法》；泰国设立专门基金，资助与中小企业发展有关的政府及私营项目，政府还将向中小企业发放风险资金提供财政援助；其次，泰国政府帮助中小企业进行债务重组和结构调整，为帮助负债的中小企业与银行之间达成债务重组协议，泰国政府责令各地方权力机关设立调解委员会，负责双方的谈判调解工作，在企业兼并时，政府推出优惠政策，免除资产转移税，以减轻企业的负担。

（4）印度对小企业的支持政策[2]。

从尼赫鲁时代起，印度政府就开始实施一系列扶植小型工业的政策，以后历届政府大致继承，又不断做出调整。印度政府对小企业的支持政策大致有以下几个方面：①免除申请许可证，1951年印度在其《工业发展与管理法》中规定了工业登记和许可证制度，同时明确规定小型工业除外，这样小型工业可以自由创办，并在规定限度内扩大生产。②进行财政支持，具体做法是实施税收豁免；政府采购向小企业倾斜，而且价格要比购买大型企业的产品高出15%；直接进行资助，进行资金扶持；帮助小型企业融资。③为小企业保留一定的生产领域，禁止大企业染指，对小企业进行保护。④对小企业进行基础设施、市场营销以及其他工业延伸服务。

---

① World Bank. Work papers, Linsu Kim, Jeffrey B. Nugent: *The Republic of Korea's Small and Mediun - Size Enterprises and Their Support Systems*, p. 39.

② 林承节主编. 印度现代化的发展之路. 北京大学出版社，2001：168 - 173.

二、促进和保护城市非正规就业的发展

正如前文所述，后发国家的农村劳动力在城市拉力的作用下，不断向城市流动。转移到城市中的农村劳动力由于受到自身人力资本的局限，只能到就业门槛较低投入较少的非正规部门就业。非正规部门就成为转移到城市的农村劳动力的"蓄水池"。非正规就业是农村劳动力转移到城市后的主要的就业载体。一些国家的政府已经开始认识到促进非正规就业作为目前社会转型发展进程中的核心政策的重要性。许多国家的中央政府以及各级地方政府都在关注非正规就业问题，促进非正规部门的就业增长。他们不再把非正规部门作为正规部门就业的"残留品"，开始实施积极的政策进行扶持和资助。但是由于非正规就业部门的庞大及行业类型的异质性，各国政府很难制定统一的政策或制度来规范或促进非正规就业的发展。因此本部分主要根据笔者所查阅的相关资料，考察一些国家在促进非正规就业中的一些零散的相关政策。①

1. 提供宽松的政策环境

在某些国家，中央政府和地方政府开始采取政策支持非正规经济的发展，为非正规经济的发后提供宽松的环境。例如印度、肯尼亚和南非等国家的中央政府和地方政府都在采取相应对策支持非正规经济的发展。

（1）印度对传统手工艺工匠的支持。

印度具有丰富的传统手工编织，由于工业化的发展，在许多国家的传统手工编织都被现代工业化生产所取代，但是在印度，40年来政府却采取了扶植政策来促进传统手工编织发展的政策。印度政府专门成立了一个手工艺管理部门来促进手工艺生产，采取措施保护手工编织生产的原材料及指定专销市场。进行产品的研发、设计及技术扶持并且提供专门预算和补贴。当印度实施自由化的经济政策，印度的手工艺品开始利用国际市场的优势地位。这一部门的规模从 1991～1998 年扩大了 2 倍。据测算目前在这一部门的熟练的

---

① 这部分内容参见国际劳工组织工作报告：Supporting Workers in the Informal Economy：A Policy Framework，Geneva，2002，pp. 43～47.

手工编织技工在 1 000 万人左右，每年为印度带来 56 亿美元的国内生产总值，手工编织部门已经成为印度主要的出口创汇部门（2002 年的统计数据）。

（2）南非地方政府对非正规就业的支持政策。

认识到非正规部门对经济发展的贡献，南非德班市城市委员会决定在 2000 年实施一套全面的政策来促进非正规经济部门的发展。1994 年随着曼德拉当选为南非总统，南非民主政府建立。新的南非宪法赋予地方政府一定的权利来促进地方经济的发展和采取扶植城市贫困者的政策。1999 年德班市政府采取了为期一年的政策来扶持和管理城市非正规经济的发展。为了促进非正规经济部门的发展，南非德班市政府采取了以下的措施：简化街头商贩和家庭工人的办证手续，节约了注册成本，从而刺激非正规部门办理许可证加强对非正规部门就业的统一管理。在计划和政策委员会上，对非正规部门进行了重新界定。利用现有的政府资源给非正规部门的组织提供支持，如提供集会地点、听取其合法的建议以及其他帮助。城市政府官员和商贸组织共同采取措施，改进了非正规经济部门的形象。（德班大城市委员会）

在南非，一个重要的非正规部门经济就是传统医学，80% 的南非黑人使用传统医药，经常是与现代医药混合使用。据估计大约 870 万美元的传统医药植物原料每年在德班的市场上销售，大约有 3 万人在这一部门就业，而在农村从事传统医药植物采集的大部分是妇女，采集和批发传统医药几乎完全是在非正规部门内部进行。这一数据使得德班市政府认识到这一非正规部门的重要性，市政委员会在进行了调查研究之后，决定在德班市建立一个专门的市场，提供储藏库、水源和盥洗等服务设施，这一市场大约可以容纳 550 个摊贩。这一市场的配套设施还包括传统医药产品加工厂，从而提高了贸易者的工作环境。同时政府考虑到该部门的可持续发展问题，采取了一系列措施，具体包括：培训传统医药植物的搜集者，这一培训计划导致在南非建立了第一家收割机协会；进行传统医药种子的培育，把医药植物的秧苗卖给种植传统医药的农民，并对其种植技术进行培训。目前南非对传统医药部门的下一步扶持计划是想在生产者和需求者之间建立协会，从而更好地理顺产供销之间的关系。

2. 提高市场准入和竞争性

在非正规部门中就业的人员中有许多是属于贫困群体，特别是那些在中小企业中就业和自谋职业的妇女，由于贸易自由化和市场的开放，使之很难获得新的就业机会，由于其缺少资金信贷、技能、培训以及改进的工艺技术、市场以及市场信息、基础设施以及其他的经济资源。另外由于经济政策偏向于大中型企业，歧视中小企业和自谋职业的就业人员。因此增强中小企业和自谋职业者的市场准入通道和经济资源的获得以及增强其竞争能力就成为各国政府和非政府组织努力的方向。例如在南非，1999 年城市服装计划开始支持在约翰内斯堡开办的 2 000 家非正规服装厂，该项目是由约翰内斯堡市政府的城市发展机构与当地一家企业进行合作而进行的该合作项目包括两个方面的内容，一是进行生产的技术升级；另一个是保证进入新市场。该地方企业建立一个缝纫培训机构和一个陈列中心，为参加技术培训的就业人员提供补贴。到目前为止，已有 300 个服装加工经营者接受了培训。为了开拓新的市场，约翰内斯堡市政府注重保持服装生产者与设计者之间的联系，并且通过服装展览会的方式，展出本地生产的服装，通过这些措施，提高了服装生产的质量和服装生产过程，同时生产出更多款式的服装。由于其款式的新颖多样，从而使约翰内斯堡市的服装销路比较畅销。

3. 扶持非正规小企业的发展

由于非正规小企业的规模比较小，通常是雇主独立开办或者以家庭成员为主要的雇用者，即使雇用劳动力也是雇用 10 人以下的微型企业，他们在开办企业时往往遭受更多的风险，为此一些国家的政府特别是中低收入的国家的政府开始关注这一群体的发展，采取政策支持非正规小企业的发展。

（1）莫桑比克政府支持出口小企业的发展。

1990 年以来，莫桑比克政府把降低腰果出口关税作为其经济结构调整战略的一部分，导致该国大部分以腰果为原材料的加工企业因为腰果原材料在国内市场的难以获得而倒闭。为了挽救这些加工企业并创造新的就业机会，政府采取了支持小企业进行生产加工的政策，从而创造了许多新的工作，特别是为妇女提供了一些新的就业机会。政府对这些小企业进行技术扶持，从而提高了腰果加工业的产品质量，扩大了国际市场的需求同时也提高了腰果加工品的国际市场价格。这些政策具体包括三个层级：一是在产品研发上，通过增加对研发的支持，增加了腰果加工小企业的收入，从而为数千人提供了就业机会；二是促进产品的深加工，通过政府贷款给私人部门建立小企业进行腰果的深加工，扩大腰果的加工品的出口，为农村地区从事腰果加工也的劳动者创造了大量的就业机会；三是促进腰果加工业的产业化，通过提高腰果原料出口税，禁止腰果原材料的出口，鼓励当地腰果加工业的发展，从而创造了更多的就业机会。

（2）肯尼亚政府对非正规小企业的扶持政策。

认识到中小企业对经济繁荣的贡献，肯尼亚政府开始把非正规经济部门纳入到国民经济计划中来。1986年肯尼亚政府通过政府文件详细地提出了支持中小企业发展的计划。具体包括提供贷款、人员培训、市场服务以及通过在中小企业进行政府采购等形式来扶持中小企业的发展。从1986年开始，政府连续不断的通过其五年发展计划纲要来制定一系列政策来扶持非正规经济的发展。其中1997～2001年的五年计划中规定要大力促进中小企业的发展，具体内容包括：发展和改进法律体制调整中小企业的政策环境；改进和完善中小企业获得贷款和财政援助的途径；对妇女和年轻人进行专业培训支持其参与到中小企业和非正规部门就业中来；鼓励中小企业和非正规部门加强与正规的现代制造业部门的联系；简化和协调非正规部门的办证手续。2002～2008年的五年计划中又规定如下的政策来支持中小企业的发展：把企业登记注册和冠名权下放到地方行政部门；消除中央层级的贸易管制政策，实行单一的经营许可制度；制定中小企业法；确保街头巡回商贩在城市中心区的叫卖权利。尽管在2000年以前，这些有关促进中小企业发展的政策并没有认真实施，但是从2000年起，肯尼亚政府开始认真具体实施这些扶持和资助中小企业发展的政策。例如在1997～2001年和2002～2008年的政策开始实施。单一许可证制度开始在许多地方政府实施，街头摊贩得到了重新安置。

三、对非正规部门就业群体实行社会保护

（一）发展中国家社会保障及其存在的问题

发展中国家的非正规经济的增长，意味着收入不安全的增加和工人的脆

弱性的增多。对非正规就业人员进行社会保护不仅仅对其应对突发事件的能力进行保护，而且还要对其进行经济保障。在发展中国家，农村劳动力在实现城市转移后，由于大部分劳动力是自谋职业或者处于非正规就业的状态，使他们很难得到正规的失业保险、失业救助和其他社会福利，在发达国家所采取的社会保障措施在发展中国家未必适合或者很难起作用。农村人口的极端贫困也使得类似于发达国家的社会保障行不通。对于非正规部门就业的人员社会保障的办法应该是综合的广泛的，它不仅致力于保护他们不受突发事件的影响同时也要通过消除风险来保障其收入安全。

社会保障是指一系列政策和制度安排，通过这些政策和制度，政府保护其国民的福利以及为用工者提供保护，以免遭到伤残、疾病、生育、年老、死亡以及突发事件导致的收入损失和带来经济负担。19世纪末20世纪初在许多工业化国家提出了一套系统的抵御社会风险的措施被称为社会保障，它包括：社会保险，即保障劳动力防范现代社会中一般的或普通的突发事件（老年、伤残、负担家计的人死亡，保障工作中的意外事件或与工作相关的疾病；失业保险金等）社会保险覆盖了大部分的正式就业劳动力，其费用由国家税收和正式就业的劳动力和雇主三方共同分担；社会救助即给那些因为不常见的原因或临时的突发事件而遭受损失或者处于弱势地位的少数群体提供保护和救助。

一些学者和政策制定者认为在发展中国家也应该部分或者全部采取社会保障制度，国际劳工组织在1952年的社会保障大会上提出了这一希望。但是把这一正式的社会保障模式扩展到发展中国家在可行性上却存在着问题。第一，从社会保障制度覆盖的群体上来看，在发展中国家，只有少量的劳动力就职于正式部门，大部分劳动力在发展中国家是属于自谋职业或者在非正式部门就业。正规就业由于组织性较强，有明确的劳资关系，可以采取社会保障措施来保护工人的福利和权益，而非正规就业，由于其就业的分散性、异质性、无组织性，没有明晰的劳资关系，因此很难形成一套系统的制度来对非正规部门就业的群体实施社会保障。第二，从发展中国家的财政负担能力上看，由于发展中国家资本的普遍缺乏，财政、金融普遍存在着各种困难，提供社会保险和社会救助的高额财政成本成为发展中国家的主要财政负担。发展中国家有限的税收增长和雇主和雇员的贡献（由于普遍的低工资和缺乏直接的劳资关系），各种运作和管理问题，这些都成为普遍实施社会保障的"瓶颈"。第三，从发展中国家的传统观念上来看，在发展中国家，与现代工业社会相比较而言，传统的社会规范在影响人们的社会行为方面一直在发挥着较大的作用。传统的社会保障机制一直是以亲缘或血缘关系为支撑，人们对社会保障机制的认可还存在一定的模糊意识。第四，更有甚者，在有些国家把社会保障制度看作是西方国家观念的输入，认为其威胁到本土的社会支持体系，因而对其理念采取了一种排斥态度。但是尽管如此，还是有些国家在进行着社会保障的尝试和努力，特别是对于非正规部门的就业群体，如何加强其社会保护，成为各发展中国家的政府与社会所关注的一个重要命题。例如在拉丁美洲一些国家在指定的非正规就业范围内实施一定的社会保障，为非正规部门就业劳动力提供社会保障，如牙买加为除了没有报酬的家庭工人之外的全部人员提供普遍的社会保障；哥斯达黎加和秘鲁为家庭工人提供社会保障；阿根廷为自谋职业者提供社会保险。还有的国家为非正规部门就业的工作人员依法提供社会救助，如墨西哥为自谋职业者和家庭工人提供救助；牙买加和哥斯达黎加给贫困者实施救助。在印度法律授权给各级政府通过对一些特殊行业进行征税建立一项特殊的基金，给那些特殊行业的就业群体提供社会保障。在菲律宾，为了保护非正规部门就业的工人，政府主要提供两个方面的保护，一是对从事家庭工业生产的人进行的保护，二是对从事家政服务的工人提供社会保护。

（二）非正规就业中的妇女的社会保护

在世界范围内的非正规部门的就业群体中，一个显著的特征就是女性劳动者占主要地位，为了保护女性劳动者的权益，各国政府都在采取措施，制定相关政策和法律，为女性非正规就业者提供保护。同时，国际社会也在积极做出努力。

1. 保护非正规就业中的妇女权益的国际宣言

2000 年 10 月 20 日南亚地区的主要国家孟加拉国、印度、尼泊尔、巴基斯坦和斯里兰卡的政府与各国的工会组织、联合国相关部门和其他国际组织，以及来自这些国家社区组织、研究组织齐集尼泊尔的首都加德满都，共同开会商讨非正规部门妇女就业问题特别是以家庭为基地的妇女就业的社会保护问题，共同商讨并试图解决以下问题：

鉴于妇女在非正规部门、无组织部门中的就业为各自国家经济发展所做出的贡献，承认了南亚地区在全球化和自由化影响下的妇女以家庭为基地的非正规就业的迅速发展。认识到在南亚地区有大约 5 000 万人是以家庭为基地进行就业，其中有 80% 的就业者为女性劳动者。这些工人对国民经济的增长做出了重要的贡献，但是这些工人中大部分还处于文盲，没有代表没有发言权的状态，也没有纳入到国家发展进程之中。为了把这些劳动者纳入国家发展进程的主流之中。这次大会提出建议：

（1）制定国家政策和行动纲领，在南亚地区共同协商促进非正规部门的就业特别是以家庭为基地的女性非正规部门劳动者的就业。具体建议如下：给予女性非正规部门就业者最低保护，这一保护将包括组织权，获得最低报酬的权利、职业健康和安全的权利、法定的社会保护权利，技能发展和教育权利。给予妇女进入市场和获得经济资源的权利，包括获得原材料、市场设施、技术、信贷和信息的权利。建立非正规部门就业妇女的保障基金，提供保险，增强其抵御疾病、死亡、年老和意外伤残以及其他突发事件的应对能力。

（2）敦促南亚地区各国解决各国非正规部门就业中所遇到的问题，采取措施使非正规部门就业的群体增强抵御风险和获得就业机会的能力。为此目的，为非正规部门的就业者建立技术委员会，促进国家政策的制定，双边合作和地区合作。

（3）促进南亚地区的市场一体化以便为妇女创造更多的就业机会。

（4）保障以家庭为基地所生产的产品的地区销售和贸易的优先权。

在国际组织做出努力的同时，各国妇女也纷纷行动起来，在各国政府的帮助下，一些国家的妇女（如南非印度和菲律宾）纷纷组织起来进行互助和自助。其中比较典型的是印度妇女的自助组织。

2. 印度妇女的自助组织及其经验

自谋职业妇女协会最初于 1972 年成立于古吉拉特邦，它最初是一个妇女手推车和卸货人组织，该组织的领导人布哈特（Ela Bhatt），最初是一个妇女纺织协会的领导，在大家的邀请下，希望她能出面帮助保护这些手推车和卸货妇女的权益。布哈特帮助这些妇女组织起来，并渐渐吸收越来越多的成员，而这些成员主要是有工作的贫穷妇女。自谋职业妇女协会把全国不同背景、不同宗教信仰和种姓的城乡贫困妇女联合在一起，其成员根据她们的工作性质可以分为四类，以家庭为基础的工人、街头摊贩、从事服务行业的工人以及小生产者。其成员或者是自谋职业者，或者是临时工人或者是通过转包合同而为他人进行计件生产的人。自谋职业妇女协会的成员横跨印度七个邦。

自谋职业妇女协会基本的制度是联合，她们在全国范围内招募和组织其成员，作为工会组织，该协会为其成员提供各种服务，包括组织贸易团体、促进合作生产者团体、集体谈判等。在城市中该协会帮助街头摊贩组织起来与地方政府谈判。该协会从一开始就注重为其成员提供金融服务、社会保障、儿童保健和对其成员进行保健服务。提供贷款给其成员是该协会最主要的一种互助方式，1974年，自谋职业妇女协会以其成员的名义成立自己的银行，该银行为其成员提供贷款、储蓄和保险。到2004年自谋职业妇女协会自己开办的银行在古吉拉特邦的10个区中就有储户20.2万人。自谋职业妇女协会为妇女和儿童提供社会保障和照看孩子服务。该协会也为其成员提供市场开发和职业培训服务，为增强妇女谈判能力，1992年在古吉拉特邦成立了妇女自谋职业者联合会。该协会帮助其成员所生产的产品寻求国内和国际市场。自谋职业者研究院有自己的多媒体中心，负责研究、训练和进行信息传播。[①]

自谋职业者协会的组织原则由其成员管理。它赋予每个成员相等的权利，其日常管理由当地的管理者负责，所有的成员都有投票权。自谋职业者协会、自谋职业者联合会以及自谋职业银行的管理都是根据其组织章程民主投票选举。在自谋职业妇女协会的帮助和组织下，妇女的就业和经济安全得到了保障，这些加入协会的成员的物质生活都不同程度的得到了改善。印度自谋职业妇女协会现在全国共有会员70万人，是目前印度最大的一个工会组织。该协会的建立是对传统的工会组织理念的一个挑战，也是目前印度非正规经济部门中的最大的一个工会组织。对于解决妇女就业中存在的问题提供了借鉴经验。

在众多的发展中国家，政府一直在做出不懈的努力，试图为非正规部门就业的群体提供公平和公正的社会保护，而在这些国家中，印度政府所采取

① ILO. *Supporting Workers in the Informal Economy: A Policy Framework*, Geneva, 2002, p.36.

的措施是比较引人注目的，因此以下内容主要考察印度中央政府和地方政府在保护非正规部门就业群体中所做出的努力和探索。

（三）印度政府对非正规就业群体的保护

1. 把正规部门的就业保护法案延伸到非正规部门

为保护工人的合法权益和福利，印度先后通过了多部法律，其中主要有：《最低工资法》（*Minimum Wages Act*，1948）、《劳动合同法》（*Contract Labor Act*，1970）、《平等报酬法》（1970）、《建筑工人权益法》（*Building and Other Construction Workers Act*，1996）、《童工法》（1986）、《抵押劳动法》（*Bonded Labor Act*，1976）。最初，这些法案的实施主体主要是正规部门就业人员，1975年，随着国内流动人口的不断增多以及非正规部门就业群体的不断增大，印度政府对1970年通过的平等报酬法重新进行了修订，其中规定，不但在企事业、机关单位实行报酬平等，同时规定所有地区、单位、部门无论在正规部门和非正规部门就业的男女工作人员一律实行平等报酬。为了使用工者能够对平等报酬法案的内容有所了解，政府培训和指导用工监察人员，使之对用工歧视的行为加强辨别能力，同时为了加强平等报酬的实施，政府加大了市民社会组织（civil society organization）的权力和作用，增强市民社会组织进行监督的作用。另外，印度政府又修改了最低工资法，拓宽了对工人概念的界定，把非正规部门就业的工人囊括在其中；不仅制定针对计时工人的最低工资，对计件工人的最低工资也进行了法律规定；制定一般国民最低工资标准；在每个州都授权给指定的市民社会组织倾听非正规部门就业的民声，以切实加强对非正规部门的就业群体的保护功能。

2. 保障非正规就业群体的基本权益和福利

在印度，包括农业工人在内，有90%的从业人员在非正规部门就业，非正规部门在印度被称为无组织部门（non-organized sector）。由于无组织部门的分散性的特点，使他们无法获得正常的社会保护，也使他们很难协调起来，运用集体行动的力量来保护自己的权益，这种弱势群体的地位，决定了在对其权益进行保护时，需要运用国家政权的力量。在非正规部门就业的工人中，他们大部分属于临时工、合同工、计件工人或自主就业（self-employment）

的工人，一旦患病或因工致残，他们的生计也就出现了严重的问题。为此印度政府出台了无组织部门就业工人的社会保障计划，并开始在 50 个地区进行试点，该计划提供三个层面的保护，即养老金、意外伤害保险以及医疗保险。这一计划对那些已经登记注册的非正规部门的从业人员采取强制的措施，而对那些自主从业人员则是采取志愿的形式。雇主和雇员都要对该计划进行缴费。而自主从业人员参加到该计划中来，要以雇主和雇员的双重身份进行缴费，同时政府也对此计划进行拨款。该计划由雇员准备基金组织进行管理。[①]其主要内容如下：在保护范围上，该计划囊括了无组织部门的用工人员，包括无论是直接雇佣还是通过中介机构雇佣的用工人员，无论是临时的还是长期雇用人员，无论是流动人员还是在原住地用工的人员（自我雇佣或受雇于他人的人员）。在组织实施上，中央和各邦政府组成无组织部门的用工人员中央委员会和类似的各邦及各级委员会来执行和协调法案的实施。各委员会建立用工人员资助中心来对工人进行登记造册、进行社会保障编号以及颁发身份证件；动员用工人员成为福利基金组织的成员；帮助争端的解决及检查管理。在基金管理上，相关政府部门向所有在该法案保护下的各种用工人员宣传这一福利计划，并为此而建立一个专项基金，同时有权规定用工人员的就业及工作条件。福利基金将由政府、雇主和雇员三方共同缴纳。用工人员的缴纳的费用直到六十岁止。所有用工人员包括自我雇用和以家庭为基地的用工人员必须进行合法登记。在组织管理上，潘查亚特负责无组织部门的争端的解决，同时政府指定专人监督和检查该法案的执行情况。[②] 这是印度政府第一次出台了范围广泛的、囊括在无组织部门就业的流动劳动力的法案，法案内容十分详尽。保障了无组织部门就业人员的基本需求。

3. 运用政府行政手段加强对流动商贩的行政管理及保护

在非正规就业群体中，有很大的比例成为当街叫卖的街头摊贩（street vendors），这给印度的城市带来许多严重的问题，如街道拥挤，城市公共卫生、城市环境问题等。为规范街头流动摊贩的叫卖及保护其权益，印度政府

---

① Ravi，Srivastava. *An Overview of Migration in India，Its Impacts and Key Issues*. http：//www. live-lihoods. org/hot_topics/docs/Dhaka_CP_2. pdf. New Delhi，India，2003，p. 141.

② Ravi，Srivastava. *An Overview of Migration in India，Its Impacts and Key Issues*，http：//www. live-lihoods. org/hot_topics/docs/Dhaka_CP_2. pdf. New Delhi，India，2003，p. 15.

出台了针对街头流动摊贩的国内政策。该项政策由印度政府和国内街头流动摊贩协会（National Association of Street Vendors）共同起草，于 2004 年初被正式采纳。这项政策的目的是给那些为谋生而当街叫卖的街头流动摊贩提供相应的支持政策。同时避免街头拥挤、提供卫生的公共空间和街道环境。为此印度政府采取了以下措施。

第一，印度政府给予街头流动商贩合法地位，但是由于流动商贩对交通以及城市环境、卫生的影响，印度政府在一定范围内提供适当的设施，使流动商贩成为固定商贩，并在城市一定地域内划定固定叫卖区，允许流动商贩在该地域内进行叫卖。

第二，加强流动商贩的组织管理，帮助他们建立协会、合作社、联合会以及其他形式的组织来保障其在城里的权利。

第三，为流动商贩建立社会保障和财政服务体系：通过提高或促进社会保障（养老金、保险等）以及通过提高自我服务组织、协会和小额财政支持制度来帮助街头商贩解决资金上的困难。[1]

4. 为特殊部门的从业人员提供社会保障加强其规避风险的能力

非正规部门中有一个鲜为人知的群体，他们处在生计的边缘，从事的是"三 D"（"三 D"是英文 danger，difficulty，dirty 三个英文单词的首字母。意思是险、苦、脏）职业，这些职业大多存在着高风险和严重的安全隐患。特别是采矿业和建筑业更是如此。为此，印度政府为保护在这些部门就业的流动劳动力，为其专门设立了几项福利基金。如于 1996 年由印度国会通过新修订的《建筑部门工人法案》（规定雇佣规则与服务条件）。该法案扩大了建筑场所的覆盖范围，规定凡是在一年之中雇用或已经雇用超过 10 个或 10 个以上的用工人员的所有的建筑场所，以及建筑部门的工人都在该法案的保护之下。根据该法案的要求，需为所有用工人员颁发身份证和上岗证；为建筑工人建立福利基金，提供保险并支付医疗费用；保障工人的最低工资；同时该法案还规定，如果建筑场所雇用超过 50 人以上的建筑工人，要为工人的孩子建造托儿所。

---

① Martha Alter Chen, Joann Vanek and Marilyn Carr. Mainstreaming Informal Employment and Gender in Poverty Reduction: A Handbook for Policy-makers and Other Stakeholders, Naila Kabeer Commonwealth Secretariat/IDRC/CIDA 2003, p. 17.

另一个是于 1996 年修改并通过了有关香烟工人福利的法案。该法案在印度全国实行。1976 年印度通过了香烟工人福利法案，为香烟工人提供立法保护，该法通过对卷烟企业进行征税的方式来建立香烟工人的福利基金，该基金由政府部门管理。征收标准为每 1 000 根卷烟征收 50 派萨（每派萨等于百分之一卢比）。[①] 除此之外，由于近年来女性非正规就业者的增多，作为弱势群体，女性更容易遭受到各种歧视和伤害。为保护女性非正规就业劳动力的合法权益，印度还特别制定了有关保护妇女就业及用工的法律。一个是妇女孕、产期及哺乳期的福利法案，该法案规定非正规就业中的妇女也同样享受正规就业中妇女所应享受的权益，只要妇女从业人员在非正规就业部门连续工作 180 天以上就可以享受这些权益保护。具体包括：可以享受妇女医疗津贴，把妇女的产假由六周延长至八周，在小孩子不到一岁的情况下，妇女从业人员可以适当延长一定的假期。而且在遇到劳动争端时，要尽快加以解决，成立专门的法庭来解决妇女诉讼案件，加快决断速度。

（四）印度地方政府对非正规部门就业群体的保护——以克拉拉邦为例

在印度，除了中央政府积极采取措施，保护非正规部门的就业群体的权益和福利，一些地方政府特别是各邦政府也采取了多种措施来为非正规部门的就业群体提供保护。如有的地方政府在实施一些养老金计划，每月按标准给予那些生活困难的救助者 100～200 卢比的救济金。还有的地方政府与非政府组织合作，采取一些扩大就业为目的的社会保障计划。特别是克拉拉邦和古吉拉特邦，最近西孟加拉邦政府也开始尝试实施非正规部门就业者的保障计划。而在这些保护措施中，最著名的要属非正规就业者福利基金制度，福利基金制度是印度政府所创立的一种为非正规部门就业的工人提供社会保障的一种模式，该基金的资金来源是通过对生产销售和指定的出口商品进行征税所得或者通过政府雇主和雇员的贡献所得。这些资金主要花费在非正规部

---

① Martha Alter Chen, Joann Vanek and Marilyn Carr. *Mainstreaming Informal Employment and Gender in Poverty Reduction: A Handbook for Policy-makers and Other Stakeholders*, , Naila Kabeer Commonwealth Secretariat/IDRC/CIDA 2003, p. 139.

门就业的工人的福利上。印度政府为六大部门的非正式就业的工人建立了福利资金，这些部门具体包括采矿业、卷烟业、码头业、建筑业影视业以及建筑业等。在各邦之中，克拉拉邦已经建立了将近 20 种福利基金。在古贾拉特、马哈拉施塔、卡纳塔克邦、旁遮普邦以及阿萨姆邦也为非正规就业部门的工人设立了类似的福利基金。而在这些福利基金模式的社会保障中，尤其以克拉拉邦的制度最为完善，表 8-2 是克拉拉邦政府所采取的福利基金的主要模式和主要的保护对象。

1. 克拉拉邦实施的福利基金项目

表 8-2　　　　　印度克拉拉邦的福利基金受益人以及资金来源

基金名称以及开始年份	受益群体及限定条件	资金来源
(1) 克拉拉邦棕榈工人福利基金 (1969 年)	直接或间接从事棕榈生产的工人，以收集和销售棕榈油为生的工人	政府：零 雇主：拿出约占工人工资的13%的资金 雇员：拿出工资的8%的资金
(2) 克拉拉邦劳动工人福利资金 (1977 年)	在雇用工人 10 人以上的工厂和种植园中工作的工人，雇用两个以上工人的，以及通过合作方式雇用 20 个以上工人的商店和商业公司中工作的工人	政府：支出的资金每年不同，目前是每年40万卢比 雇主：每半年为每个工人提供8卢比的资金 雇员：每半年4卢比
(3) 克拉拉邦装卸工人福利基金	装卸工人是指那些直接为公司或者通过转包合同间接为公司装卸运载商品的工人，但是不包括为了那些为了自家生活为目的的搬运工作	政府支出：零 雇主：支出约占雇员工资 1/4 的资金（包括 5% 的赠物） 雇员：支出约占工资10%的资金作为一般基金
(4) 克拉拉邦机动车运输工人福利资金 (1985)	直接承担运输工作或者在运输部门工作的相关人员如司机、乘务员、清洁工、车站服务人员检票员、看守人等，只要连续在该部门工作三个月以上就成为该部门的合法雇员	政府：为每个雇员支出 90 卢比 雇主支出：零 雇员：每个雇员每年 60 卢比
(5) 克拉拉邦工匠与技工福利资金 (1986 年)	在以下非正规部门工作的年龄在 20~58 岁的没有得到任何福利资金的非正规部门就业人员具体包括：金匠、木匠、鞋匠、陶匠、榨油工、人力车夫、街头巡回修理工、修表工、送牛奶工、送报纸工、制冰工、洗衣工以及其他工人等	政府支出：政府为每个能够赚取 10 卢比的工人支出 2 卢比 雇主：零 雇员支出：每个工人每月 10 卢比

续表

基金名称以及开始年份	受益群体及限定条件	资金来源
(6) 克拉拉邦腰果工人救济与福利资金（1988年）	凡是从事腰果生产的工人只要其居住地使在本邦，从事5年以上的腰果生产或加工业，其年收入不到3 600卢比，没有得到其他福利基金的资助的，都是该基金项目的合法受益人	政府支出：每个雇主支出的2倍 雇主支出：为每从事一天工作的雇工支出1卢比 雇员：从日工资中支出50派萨（一派萨等于百分之一卢比）
(7) 克拉拉邦土布纺织工人福利资金（1989年）	凡是从事土布生产的工人都是这一福利基金的合法受益人	政府支出为每个工人工资的10% 雇主支出为每个工人工资的10% 雇员：支出工资的10%
(8) 克拉拉邦椰子生产工人福利资金	凡是从事椰子生产或与椰子生产相关的产业的工人都是该基金的受益人	政府支出：政府承诺其支出为工人支出的两倍 雇主：支出占1% 雇员：每个工人每月1卢比
(9) 克拉拉邦手纺织工人福利基金（1989年）	凡是从事与手纺织业相关的工作的工人都是该福利基金的受益人	政府：支出为雇员和自我雇用者的2倍 雇主：每年拿出工人工资额的1%的资金 雇员：雇用工人每月拿出1卢比，自我雇佣者每月拿出2卢比
(10) 克拉拉邦建筑工人福利资金（1990年）	该计划包括两种不同类型的工人。一是建筑工人，二是采石工人	政府支出：每年每个工人贡献额的10% 雇主：建筑成本的1% 雇员：每月工资中拿出10～15卢比
(11) 机动车夫福利资金（1991年）	该计划的受益人是指凡是直接或者间接受雇于机动车公司的年龄在28～58岁的工人	政府支出：占工人的贡献额的10% 雇主：为每个工人每月提供10卢比 雇员：每月每个工人20卢比

资料来源：K. P. Kannan. *The Welfare Fund Model of Social Security for Informal Sector Workers*：*The Kerala Experience* http：//cds. edu/download_files/332. pdf，pp. 17－19.

2. 福利基金的作用

克拉拉邦经过30年的实践，为非正规部门就业的人员提供社会保障，在一定意义上而言其作用是十分显著的，30年来，在这一方面可以说克拉拉邦积累了丰富的经验。在为贫困者提供社会保障方面克拉拉邦无疑在公共政策选择上为印度其他各邦提供了典范。社会福利基金可以看作是在国家提供的社会保障之外的一种社会福利的补充方式，其覆盖的非正规部门范围较广。从 1995 年开始，该福利基金不仅涵盖了城市中非正规部门就业的工人，同时也把农村中从事非正规置业的用工人员纳入该福利基金计划。这些基金在某种程度上为非正规部门就业的人员提供了一定的社会保障、社会保险和福利救助。在普遍的和基本的社会保障制度之外，克拉拉邦采取的福利基金保障计划在某种意义上为在非正规部门就业的人员提供了获得尊重和自我认同的前提条件。

克拉拉邦为非正规部门就业的劳动力提供福利基金作为社会保障的一种模式从 1969 年为棕榈工人提供福利基金开始，至今已经有 30 多年的历史了。有组织部门的工人可以通过工会组织对政府是加压力并表达自己的利益诉求，雇主在强大的政治和经济压力下，尽管不愿意但是不得不成为政府的合作伙伴，为雇员提供社会保障。但由于非正规部门就业的分散性和地域分布较广的特点，非正规部门的就业人员很难形成组织规模，采取集体行动。克拉拉邦为非正规部门就业的工人提供福利基金作为社会保障的一种模式，其显著特点就是一方面它需要工人之间采取集体行动；另一方面政府在该福利基金的提供中也起到了一定的先决作用，而且一直以来政府在该福利基金模式中仍然在扮演着重要角色，因此也就赋予了这一基金模式许多不同的特点。从这些福利基金的模式来看，这些福利基金的安排模仿了在正规部门就业的工人所能获得的社会保障和保险安排。在有限的财政能力下，这些基金对于保障非正规部门的工人的福利还是有一定作用的。第一，给予在非正规部门就业的工人提供了社会保障、社会保险和福利救助的基本措施；第二，创造了一种三位一体，由政府、个人和雇主风险共担的保险和福利机制；第三，强制雇主和雇员为福利基金的缴纳作贡献；第四，福利基金的大部分资金来源由雇主和雇员承担；第五，政府所负担的财政支出成本最小化，只有对那些直接受雇于政府部门的工人或者支付能力极低的工人的福利金，由政府财政负担为主。

3. 福利基金的管理

福利基金的管理由政府负责，由于福利基金的管理部门在建立之初并没有考虑如何进行管理创新，因此福利基金的管理形式基本上没有任何灵活性也没有给每一种福利基金根据需要进行创新管理的空间。福利基金的管理委员会成员由政府指定，其代表由政府、雇主和工会三方按同等比例共同组成。尽管管理委员会是福利基金使用的最终决定者，但是相关的政府各部门对其决议具有审核和审批权。例如，每年的福利基金的年度报告和预算必须送到政府相关负责部门进行审批和审核。

根据政府相关政策规定，福利基金的管理成本不能超过各福利基金全部收益的 10%，但是根据上表显示在表 8-3 所列的 11 项福利基金项目中，共有 7 项的管理成本超过福利基金的收益的一半以上，最严重的是土布工人福利基金，其管理成本是该基金收益的 200 倍。组织和管理成本超出了各自福利基金所能带来的收益，基金管理委员会并不能进行有效的控制和管理。日常管理的费用、委员们的工资福利超过了福利基金的收益。这就出现了一个奇怪的现象，为非正规部门提供的福利基金所带的收益却成为维持在政府正式部门中工作的工作的人员收入和福利。为非正规部门就业人员提供的福利基金却成为政府官员中饱私囊，寻求政治租金的途径。因此需要对福利基金的使用进行严格的审查并由政府进行定期的监控和审查以确保福利基金的管理成本保持最小化。

表 8-3　福利基金的管理成本（管理成本与支付的福利基金的百分比）　　单位：%

福利基金的名称	管理成本与支付的福利基金的百分比
（1）克拉拉邦棕榈工人福利基金（1969 年）	14
（2）克拉拉邦劳动工人福利资金（1977 年）	147
（3）克拉拉邦装卸工人福利基金（1983 年）	69
（4）克拉拉邦机动车运输工人福利资金	153
（5）克拉拉邦工匠与技工福利资金	33
（6）克拉拉邦腰果工人救济与福利资金	28
（7）克拉拉邦土布纺织工人福利资金	20 000
（8）克拉拉邦椰子生产工人福利资金	15
（9）克拉拉邦手纺织工人福利基金	93
（10）克拉拉邦建筑工人福利资金	45
（11）机动车夫福利资金	382

资料来源：K. P. Kannan. *The Welfare Fund Model of Social Security for Informal Sector Workers: The Kerala Experience* http://cds.edu/download_files/332.pdf, p. 40.

4. 实施效果

评判福利基金的效力的重要标准就是它们的覆盖面，但是如何评估其覆盖面却涉及许多问题，因为在统计方法上很难找到可靠的数据。表8－4可以看出各种福利基金的覆盖情况。

表8－4 各福利基金的覆盖率

名称	估计的工人数 （1994年3月）	各基金受益工人数 （1994年3月）	各基金受益工人 覆盖率（%）
棕榈工人福利资金	45 000	44 991	99.9
腰果工人救济与福利资金	131 000	123 699	94.4
劳工福利基金	600 000	422 000	70.3
建筑工人福利基金	500 000	285 000	57.0
土布工人福利基金	26 840	12 293	45.8
机动车运输工人福利基金	126 474	31 329	24.8
椰子生产工人福利基金	384 000	72 908	19.0
手纺织工人福利基金	250 000	26 000	10.4
机动车夫福利资金	77 875	5 052	6.5
装卸工人福利基金	200 000	11 077	5.5

资料来源：K·P·Kannan. *The Welfare Fund Model of Social Security for Informal Sector Workers*：*The Kerala Experience*，http：//cds. edu/download_files/332. pdf，p. 27.

在上列的十项福利基金中，其覆盖率最高的是棕榈工人福利基金和腰果工人救济与福利资金，其覆盖率达到90%以上，而覆盖面最低的是机动车夫福利基金和装卸工人福利基金，其覆盖率在10%以下。由此可见，这些福利基金在具体操作上还是存在一定的问题的。其中的一个根本问题就是受益人身份的界定。由于受益人的身份很难界定，导致许多受益人无法得到相应的福利基金的资助。为了能够确保受益人的福利，在克拉拉邦采取的措施是对受益人进行登记注册制度，但是登记方案却是随意的，而且工人登记注册的数量不断变化，再加上非正规就业人员的分散性就业特点，而政府为了做好登记制度也需要付出大量的行政成本，因此登记注册制度往往是形同虚设。①
福利基金存在的另一问题是福利基金只提供给所划定的类别之内的工人，而
作为最需要福利基金的农业和林业工人却被排除了福利基金之外。因此如何
为非正规部门就业群体提供社会保障和社会保护还是需要探索新的道路和
路径。

---

① K·P·Kannan. *The Welfare Fund Model of Social Security for Informal Sector Workers：The Kerala Experience*，http：//cds. edu/download_files/332. pdf，p. 30.

| 第九章 |
中国促进农村劳动力转移的政策实践

  长期以来形成的城乡二元社会结构，失误的人口政策带来的人口高速增长，农村经济体系中，农业（尤其是种植业）占有绝对的经济地位，仅占全国工农业总产值1/3的农业却容纳占全国总人口4/5的农村人口。近3亿的农村劳动力拥挤在有限的耕地上，造成了农业自然资源的超重负荷；大量劳动力年龄人口被强制性追加投入到农业生产特别是种植业上，导致种植业边际效益递减。城市偏向工业化战略选择偏好导致的择定扭曲发展模式带来的农村绝对贫困，这些使农村陷入了发展危机之中，家庭联产承包责任制这一制度变革将长期内卷在土地上的农村劳动力释放出来，近2亿的农村剩余力将如何实现就业转移？这些都在考验着我国农村社会政策的供给与制度安排。中国成立60多年来的社会经济发展的头等大事就是坚持走社会主义道路，通过工业化路径，实现国家的繁荣富强，在这一路径之下，如何处理城乡关系成为新中国60多年发展历程中的一个重要议题。而纵观新中国60多年城乡关系的政策实践，可以清楚的观察到中国政府对城乡关系的实践是从限制农村人口外流，吸取农村资源，支持城市工业化发展，到工业反哺农业，促进农村发展这一长时段的发展演进路径。

一、限制农村人口流动政策的历史流变

新中国成立之初，中国政府没有采取严格限制人口流动的政策。这一时期人口流向有两个显著的特点：一是农村人口向城镇流动，二是全国范围内人口从东部沿海向内地一些开发程度较低的省区和当时重点工业建设区（如东北）流动。[1] 随着国民经济的恢复和发展，从农村向城市流动的人口日渐增加。在当时资本十分稀缺的条件下为发展资本密集型的重工业，实现社会主义工业化，政府采取了一系列扭曲产品和要素价格的办法来压低重工业发展的成本，其中之一就是通过扭曲农产品价格来压低城市的工资水平，[2] 以此方式实现工业化建设所需要的资本积累。为此，在制度层面，从 1954 年起，国家逐渐确立了几十项城乡分割制度，主要有户籍制度、粮油供给制度、就业制度、住宅分配制度、婚姻制度和教育制度等等。这些制度的制定和实施，一方面出于社会控制和社会稳定的需要；另一方面也是为了对城乡人口加以有效管理[3]。在农村这些制度的实现主要是通过人民公社"政社合一"体制对农民施行控制；这一控制使城乡差别制度化和凝固化，城乡二元社会经济结构日趋形成。

（一）人民公社体制的建立

为抽取农业剩余保证有限的农业剩余转移到工业领域，满足工业化对资金的需求，1953 年起，中共中央和政务院决定实行统购统销政策，以保证粮食等农产品对城市市民的供给，同时通过国家控制农产品收购价格和工业品售价所产生的"剪刀差"，实现农业剩余向工业领域的转移，但是由于这种针对个体农户征收农产品剩余的谈判成本过大，不利于农产品剩余的统计和

---

[1] 辜胜阻，刘传江. 人口流动与农村城镇化战略管理. 华中理工大学出版社，2000：169.

[2] 林毅夫，蔡昉，李周. 中国的奇迹：发展战略与经济改革（增订版）. 上海三联书店、上海人民出版社，1994：41 – 42.

[3] 王建民. 社会转型中的象征二元结构以农民工群体为中心的微观权力分析. 社会，2008（2）.

征收，因此有必要在制度设计上寻找新的方式，以保证统购统销的顺利实施和工业化战略的顺利推进，50 年代中后期，国家从农业合作化、集体化入手，对农村基层经营主体进行再造，形成了有利于隐蔽抽取农业剩余的组织基础和乡村组织形式，即人民公社。

在新生政权建立之前，小农为单位进行生产的方式是千百年来中国农业生产和耕作的主要方式，农民或耕种自己的小块土地，或租佃地主的土地进行耕种，土地改革的成功，使农民获得了连做梦都想获得的土地，由于生产工具的匮乏，农民自发的走向合作，到 1955 年主要形成了三种合作模式，一是互助组，由相邻的 4~5 户农民组成，农忙时将各自的劳动力、农具和牲畜集中起来，之后还是分散管理分散负责，这也是当时的主要互助形式。第二种是初级合作社，由 20~30 户的农户组成，他们按照统一的计划将资产组合起来按照土地、牲畜、农具以及劳动完成情况来进行统一的分红。第三种形式是高级合作社，由 30 户左右的农户组成，统一计工分，按工分记取报酬。这些合作形式最初都是由农户自发组成，而且加入和退出都是自由的，由于一个村庄内部可以有多个互助组或合作社，彼此之间形成了很好的激励。对于这种合作模式我们的政府最初采取的态度是审慎的，但是随着粮食统购政策的实施，政府看到了这种组织化模式可以减少政府与单个成员进行谈判的成本，可以通过组织化的方式直接抽走农村剩余。国家向合作社征收农业剩余的确减少了国家与单个农民谈判的成本，但是合作社作为村民的代理人，它毕竟要代表村民的利益，如果征收的农业剩余过多，会引起村民的不满，导致合作社与基层政权之间的矛盾。为了避免这一矛盾的产生，最佳的办法就是将合作社与基层政权合二为一，即把作为基层政权组织形式的乡与作为农业集体经济组织的合作社合并，于是在政府意识形态宣传、利益诱导以及权力制约下，人民公社制度应运而生。人民公社的一个重要的体制特征是"政社合一"。人民公社既是农村合作经济组织，又是国家基层政权组织，还是农村社会组织。尽管规定生产队是基本核算单位，但公社和大队在生产和分配上握有最终决策权，农民必须以其绝大部分劳动时间从事集体劳动，并从集体经济获得主要生活来源和福利来源。公社作为国家的基层政权组织，主要代表国家的利益，承担控制农村，为国家提取积累的职能。人民公社体制把国家权力渗透到农村，对农村社会实行高强度的组织化和超强控制。公社农民失去了传统中国农民拥有的支配自己土地及产品的权利、自由择业、自由流动和集市交换等自治权利，只有依附于人民公社集体经济。集体之外无土地，公社之外无农民。农民完全没有了退出公社的自由。在人民公社体制之下，国家收购农业剩余的难度也大大减小，新生的国家通过不平等的交换和工农业产品之间存在的"剪刀差"，从 1952～1986 年，30 多年从农业中隐蔽抽走农业剩余 5 823.74 亿元的巨额资金，再加上收缴的农业税 1 044.38 亿元，约占这些年间农业所创造的价值的 18.5%。这一制度带来的后果是 2.6 亿农民处于绝对贫困之中。

（二）城乡二元社会结构的刚性隔离

为了将农民限制在农村，保证工业化建设以及缩小城市公共服务的支出，20 世纪 50 年代新生的政权采取了三个主要制度安排，将农村人口限制在城市之外，从而造成城乡二元社会结构的刚性隔离，农民被牢牢的束缚在农村。

1. 户籍制度限制了农村居民向城市流动

中国城乡分割的户籍制度是一个逐步强化的过程。新中国成立之初，为了发动群众肃反，公安机关着手在城乡逐步建立户口登记制度。1950 年 8 月，公安部制定《关于特种人口管理的暂行办法（草案）》，加强对特种人口的管理。同年 11 月，第一次全国治安工作会议召开。会议要求先在城市开展户籍管理工作。1951 年 7 月，政务院批准公安部颁布实施《城市户口管理暂行条例》，规定在城市中一律实行户口登记。全国统一的城市户口登记制度由此建立。1954 年 12 月，内务部、公安部、国家统计局联合发出通知，要求普遍建立农村的户口登记制度。这次人口普查和登记的结果是在农村建立起简易的户口登记制度，为全国统一的户籍管理奠定了基础。1955 年 6 月 22 日，国务院发布《关于建立经常户口登记制度的指示》，要求乡、镇人民委员会应当建立乡、镇户口簿和出生、死亡、迁出、迁入登记册，以及时准确掌握人口出生、死亡、迁入、迁出等动态情况。由于城乡、工农差别的存在，城市生活对于农民具有吸引力，农民进入城市寻求工作的日渐增多。为制止农村人口盲目流入城市，1958 年 1 月 9 日，第一届全国人大常委会第 91 次会议制定《中华人民共和国户口登记条例》（以下简称《条例》）。《条例》以法律的形式对户籍管理的宗旨、户口登记的范围、主管户口登记的机关、户口簿的作用、户口申报与注销、户口迁移及手续、常住人口与暂住登记等方面都作了明确规定。《条例》规定："公民由农村迁往城市，必须持有城市劳动部门的录用证明，学校的录取证明，或者城市户口登记机关的准予迁入的证明，向常住地户口登记机关申请办理迁出手续。"《条例》的制定，标志着以城乡分割为基本特征的户籍制度正式形成，它成为此后户籍管理的基本法律依据。标志着中国的人口迁移政策的重大调整，由自由迁移政策改为控制城市人口规模的政策。与一般意义上的户籍制度主要是登记人口基本信息、确认公民身份、掌握人口统计数据，从而为社会管理提供重要依据不同的是，中国户籍制度表现出一些显著的特色。其表现为：一是对人口迁移流动进行严格的行政控制，在相当大程度上杜绝了农村人口自主向城市迁移流动的可能性；二是户口性质带有浓厚的"世袭"色彩，并强化了社会的不公平；三是将户籍制度与公共服务、社会福利制度挂钩，即按户口性质和户口地域来分配社会资源，从而使不同户口性质、不同地域人口在权利上出现了极大的不平等，客观上形成了城乡对立和城乡分割。① 从此城乡二元的户口登记制度在中国形成，农村居民被打上了身份的烙印，而不再只是一个职业身份。

2. 劳动用工制度阻止了农民城市就业的可能

1953 年以后，针对日益严重的农村盲流问题，政务院以及后来的国务院与其他有关部门做出了一系列重要的指示和规定。1953 年 4 月 17 日，政务院发布《关于劝阻农民盲目流入城市的指示》，规定未经劳动部门许可和介绍，不得在农村招收工人，明令禁止农民进城就业。1954 年 3 月，内务部和劳动部又发出《关于继续贯彻〈劝止农民盲目流入城市〉的指示》，重申限制农业剩余劳动力向城市转移的禁令。1955 年 4 月 12 日，中共中央在《关于第二次全国省、市计划会议总结报告》中批示，"一切部门的劳动调配必须纳入计划，增加人员必须通过劳动部门统一调配，不准随便招收人员，更不准从乡村中招收人员。"1956 年 12 月 30 日，国务院发布《关于防止农村人口盲目外流的指示》，强调对农民进行思想教育，预防外流。同时明确规定工厂、矿山、铁路、交通、建筑等部门不应私自招收农村剩余劳动力。

---

① 熊光清. 从限权到平权：流动人口管理政策的演变. 社会科学研究，2012（6）.

1957 年 3 月 2 日，国务院又发布《关于防止农村人口盲目外流的补充指示》，9 月 14 日发布《关于防止农民盲目流入城市的通知》。12 月 13 日，国务院会议通过《关于各单位从农村中招收临时工的暂行规定》，明确要求城市"各单位一律不得私自从农村中招工和私自录用盲目流入城市的农民"，"招用临时工必须尽量在当地城市中招用，不足的时候，才可以从农村中招用"。1957 年 12 月 18 日，中共中央和国务院又联合发布《关于制止农村人口盲目外流的指示》。联合指示特别强调：①组建以民政部门牵头，公安、铁路、交通、商业、粮食、监察等部门参加的专门机构，全面负责制止"盲流"工作；②农村干部应加强对群众的思想教育，防止外流；③铁路、交通部门在主要铁路沿线和交通要道，要严格查验车票，防止农民流入城市；④民政部门应将流入城市和工矿区的农村人口遣返原籍，并严禁他们乞讨；⑤公安部机关应严格户口管理，不得让流入城市的农民取得城市户口；⑥粮食部门不得供应没有城市户口的人员粮食；⑦城市一切用人单位一律不得擅自招收工人和临时工。

劳动用工制度从源头上遏制了农村人口流动到城市后寻求就业的机会。

3. 粮油购销制度堵住了农民城市生存的可能

中国的户籍管理制度一开始就是与粮食供应关系紧密挂钩的。1953 我国开始实行粮油计划供应制度。这一制度原则上规定国家只负责城市非农户的粮油供应，不负责农业户口的粮油供应。1953 年 11 月 23 日，政务院发布《关于实行粮食的计划收购和计划供应的命令》，其中规定在城市，对机关、团体、学校、企业等的人员，可通过其组织进行供应，对一般市民，可发给购粮证、凭证购买，或凭户口簿购买。1953 年 11 月 23 日，政务院发不了《粮食市场管理暂行办法》，其中规定，"所有私营粮商，在粮食实行统购统销后，一律不准私自经营粮食，城市和集镇中的粮食交易场所，得视需要，改为国家粮食市场，在当地政府统一领导下，以工商行政部门为主会同粮食部门共同管理之。城镇居民购得国家计划供应的粮食，如有剩余或不足，或因消费习惯关系，须作粮种间的调剂时，可到指定的国家粮店、合作社卖出，或到国家粮食市场进行相互间的调剂。"1955 年 8 月 25 日，国务院发布的《市镇粮食定量供应办法》则统一规定了对市镇非农业人口一律实施居民口粮分等定量，并按核定的供应数量按户发给市镇居民粮食供应证，居民凭证使用粮票购买口粮的粮食供应办法，统购统销的实行有效地限制了农村人口的流动和迁移。国家对城镇居民实行成品粮油定量供应的制度，每户拥有一个"粮本"，"非农业人口"也叫吃"商品粮"或"国家粮"的人。粮油关系附着在户籍制度之上，跟着户口走，城镇居民户籍变动必须随之迁移粮油关系。农民要进城必须先换到粮票，出省还要换到全国粮票。

如果说人民公社体制将农民束缚在土地上是一种内部控制的话，那么户籍制度、用工制度、粮油供应制度的实施，则通过外部控制将农民隔离在城市之外，而且这种隔离不仅是地理空间的隔离，本质上的是福利和身份的隔离，农民无法像市民那样获得住宅，没有粮油供应关系，加上无法获得住宅、入学、医疗、就业、保险等福利保障，农村人口即便自发流入城市，也无法在城里长久生存，城乡二元制度在中国形成。由于农民被强制的束缚在集体的土地上，无法退出，难以形成有效的激励制度，农村剩余人口内卷在土地上，从事农业生产劳动，磨洋工、瞒产私分，成为农民的抗争的行动的同时，农村集体生产伴随着农民的日益贫困而陷入停滞。

二、制度性释放与农村劳动力的对外转移

制度性释放是指改革开放以来，我们的党和政府采取的一系列制度安排，不断打破城乡之间的制度藩篱，释放农村过密化的劳动力的过程。这种制度性释放具体表现在：

（一）劳动用工制度的开放

1978年以后，我国的劳动用工制度发生了明显的改变。"农村剩余劳动力向劳力紧缺的地区流动；支持能工巧匠到异地经营或承包；鼓励城市的技术人才和经营人才保留户籍，下乡承包或承办企业，承办'星火计划'；推动发达地区向内地投资办企业，进行开发性生产。"[①] 在新的劳动用工制度的

---

① 中央文献研究室．十二大以来重要文献选编（下）．中央文献出版社，2011：976.

引导下，农村剩余劳动力开始进入城市自谋职业。1986年城市劳动用工制度开始改革，首先扩大企业自主权。主要围绕经济主体国有企业探索性地进行以"放权让利"为主线的改革。其次，尝试劳动就业制度改革。1980年采取劳动部门介绍就业、自愿组织就业和自谋职业相结合的方式；1983年按照新人新办法、老人老办法的设想在部分地区对新招收人员实行劳动合同制。[①]劳动合同制逐步试行，使原有城市中某些行业开始招收一定数量的农民合同工，农村劳动力转移就业的制度空间不断得到释放，为农村剩余劳动力专业就业提供了新的制度空间和就业窗口。

（二）粮油供应制度的废除

1978年以后，原来针对城市居民的粮油供应制度开始改革。1984年1月1日中共中央《关于1984年农村工作的通知》指出：随着农村分工分业的发展，将有越来越多的人脱离耕地经营，从事林牧渔等生产，并将有较大部分转入小工业和小集镇服务业。这是一个必然的历史性进步，可为农业生产向深度广度进军，为改变人口和工业的布局创造条件。各省、自治区、直辖市可选若干集镇进行试点，允许务工、经商、办服务业的农民自理口粮到集镇落户。1984年10月，国务院关于农民进入集镇落户问题的通知中规定：凡申请到集镇务工、经商、办服务业的农民和家属，在集镇有固定住所，有经营能力，或在乡镇企事业单位长期务工的，公安部门应准予常住户口，及时办理入户手续，发给《自理口粮户口簿》，统计为非农业人口。粮食部门要做好加价粮油的供应工作，可发给《加价粮油供应证》。至此，粮票、油票等票证供应制度逐步退出粮食供应市场，直到2001年国家粮食局发出通知，结束了票证合一的粮油供应制度。

（三）户籍制度的松动

户籍制度的松动主要表现在三个方面，即城市暂住证的发放、蓝印户口

---

① 蓝海涛. 改革开放以来我国城乡二元结构的演变路径. 经济研究参考，2005（17）.

的出台、小城镇落户的放开。

20 世纪 80 年代，随着中国农村经济体制改革，原有挤压在农业生产领域多余的劳动力被逐渐释放出来，中国政府对农村多余劳动力进行因势利导，允许其进行离土不离乡的就近转移就业，进而推动了中国乡镇企业的异军突起的发展，同时，也允许农民离土又离乡的跨区域转移就业。1984 年，国务院发布的《关于农民进入集镇落户问题的通知》规定："除县城外的各类县镇、乡镇、集镇，包括建制镇和非建制镇，全部对农民开放"，"凡申请到集镇务工、经商、办服务业的农民和家属，在集镇有固定住所、有经营能力或在乡镇企业单位长期务工的，公安部门应准予落常住户口，及时办理入户手续、发给《自理口粮户口簿》，统计为非农业人口"。① 对于那些没有固定住所地外来务工人员，为便于城市管理实行暂住证制度。1985 年 7 月公安部颁布《关于城镇暂住人口管理的暂行规定》，对暂住时间拟超过三个月的十六周岁以上的人需申领《暂住证》；对外来开店、办厂、从事建筑安装、联营运输、服务行业的暂住时间较长的人，采取雇用单位和常住户口所在地主管部门管理相结合的办法，按照户口登记机关的规定登记造册，由所在地公安派出所登记为寄住户口，发给《寄住证》；如果违反暂住人口管理规定的，公安机关可按照《中华人民共和国治安管理处罚条例》进行处罚。② 暂住证制度尽管对农村外出就业劳动力设定了居住门槛，但是对于长期禁锢于农村不能自由迁徙的农村劳动力来说无疑是一种制度的进步。外出务工人员只要办理了暂住证，就可以在城市里生存下来。

20 世纪 90 年代，中国开始户籍制度改革。中央允许各地方政府探索适合本地情境的农村人口进入城市后的管理办法。蓝印户口在部分地区出台。蓝印户口因使用蓝色印章（与办理非农业户口适用的红色印章相区分）而得名，拥有蓝印户口的人基本上可以享受正式户口的权益，但是要等若干年后才能够转变为正式户口。蓝印户口政策起始于 20 世纪 80 年代中期的大连开发区，其初衷是通过给予外来人才蓝印户口留住来大连的人才、活跃大连开发区的经济。20 世纪 90 年代，由于中国的住房改革，房地产业兴起，但是房地产业处于低迷状态，为刺激房地产业的发展，也为了解决部分想进城获

---

① 尹德挺，苏杨．建国六十年流动人口演进轨迹与若干政策建议．改革，2009（9）．

② 尹德挺，黄匡时．改革开放 30 年我国流动人口政策变迁与展望．新疆社会科学，2008（5）．

得市民身份的早期流动人员的户口问题，各地出台蓝印户口政策，规定只要购买一定面积的商品房或者投资达到一定规模，就可以获得一定数量的蓝印户口。1992 年在广东、浙江、山东、山西以及河北等十多个城市率先实行蓝印户口，将持有当地城镇居民户口的居民按城镇常住人口进行管理。例如上海市出台了《关于外地投资浦东新区申请上海常住户口的实施细则》，规定投资总额和注册资金各在 500 万元人民币以上，开业满两年、经济效益显著的企业，可申请 5 个本市常住户口指标。安徽省滁州市的来安和全椒两县，以每个城镇户口 5 000 元的价格公开出售①。1993 年厦门市规定在（岛内、集美镇、杏林镇）购买两房一厅，可申办 1 至 3 个蓝印户口；1994 年上海市规定境外人士，在上海购买 100 平方米以上的住房，可申办 1 个蓝印户口；1994 年昆明市规定购买 70 平方米以上的住房，可申办 1 个蓝印户口；1995 年南京市规定境内人员，购买 60 平方米以内住房，可申办 3 个蓝印户口。②

20 世纪 90 年代公安部放开了农民进入小城镇的户籍大门。江苏、广东和河北石家庄市率先在其辖区内取消了农业户口与非农业户口的区分，代之以国际上通行的按常住地和稳定的收入来源来登记户口的措施。1997 年 5 月国务院批准公安部小城镇户籍管理制度改革试点方案和关于完善农村户籍管理制度意见的通知规定：

下列农村户口的人员，在小城镇已有合法稳定的非农职业或者已有稳定的生活来源，而且在有了合法固定的住所后居住已满两年的，可以办理城镇常住户口：

（1）农村到小城镇务工或者兴办第二产业、第三产业的人员；

（2）小城镇的机关、团体、企业、事业单位聘用的管理人员、专业技术人员；

（3）在小城镇购买了商品房或者已有合法自建房的居民。

2001 年 3 月国务院批准公安部关于推进小城镇户籍管理制度改革意见的通知规定：对办理小城镇常住户口的人员，不再实行计划指标管理。地方公安机关要做好具体组织实施工作，严格按照办理城镇常住户口的具体条件，统一行使户口审批权。至此，对农村人口进入县级以下小城镇落户实行了全

---

① 陆益龙. 1949 年后的中国户籍制度：结构与变迁. 北京大学学报（哲学社会科学版），2002（3）.

② 张玮. 从"蓝印户口"政策看城市"购房落户". 北方经济，2012（11）.

面开放政策。

中国城市户籍管理制度直到今天仍然没有完全放开，具体表现在，大城市的户籍制度仍然没有放开，比如上海、北京、天津等大城市的户口特别是上海和北京的户口仍然有严格的限制，即使在天津出台了蓝印户口政策，但是购买的主要是下面的郊县户口，如武清等地。中国城市户口所承载的福利制度，流动人口仍然难以获得。户籍制度的真正放开还需要新的制度创新。

三、推动农民离土不离乡实现农业剩余劳动力就地转移

改革开放以来随着城乡二元刚性制度结构的改变和调整，顺应农村劳动力外出就业和产业结构调整，中国政府因势利导，在不同的时期，制定了相应的社会政策文本，推动农村劳动力的就业转移和有序的空间流动。

中国的经济体制改革首先源于中国的农村。城市改革滞后于农村改革，农村经济体制改革释放出大量的剩余劳动力，大量下乡知识青年返程之后的工作安排给城市就业带来极大的压力，无力安排更多的农村转移劳动力。因此政府在这一阶段采取的政策是发展多种经营和乡镇企业，实现农民的离土不离乡的就地转移政策。

（一）促进农村发展多种经营，吸纳农业剩余劳动力

长期以来的粮食为纲的发展路线，限制了农村林、牧、渔业的发展，许多地区将农村副业经济当成了资本主义的尾巴，进行打击。为了在政策上解决各地发展农村多种经营的后顾之忧，1981 年 3 月 30 日，中共中央和国务院就转发国家农委《关于积极发展农村多种经营的报告》，向全国各级党组织和各级人民政府发出通知。通知指出，发展农村经济必须从人均地少，资源丰富但技术落后这一实际情况出发。要发挥集体和个人两个积极性开展多种经营。农村生产队要根据当地自然资源、劳动力资源的状况和生产习惯，推行在统一经营的前提下，按专业承包、联产计酬的生产责任制，组织各种形式的专业队、专业组、专业户、专业工。同时要通过订立合同和其他形式，

积极鼓励和支持社员个人或合伙经营服务业、手工业、养殖业、运销业等。凡是适宜社员个人经营的项目，尽量由农户自己去搞，生产队加以组织和扶助。1982 年《全国农村工作会议纪要》明确提出要"把剩余劳力转移到多种经营方面来"。1983 年《当前农村经济政策的若干问题》再次强调"我国农村只有走农林牧副渔全面发展，农工商综合经营的道路，才能保持农业生态的良性循环和提高经济效益，才能满足工业发展和城乡人民的需要，才能使农村的剩余劳动力离土不离乡，建立多部门的经济结构，也才能使农民生活富裕起来，改变农村面貌，建设星罗棋布的小型经济文化中心，逐步缩小工农差别和城乡差别。"[1] 在政府政策的引领下，农民中开始出现个体经营户，到 1984 年全国共有个体经营农民约 547 万人，占农村劳动力的总数为 1.6% 左右。[2]

（二）发展乡镇企业，实现农村劳动力就地转移

乡镇企业是指农村集体经济组织或者农民投资为主，在乡镇（包括所辖村）举办的承担支援农业义务的各类企业，是中国乡镇地区多形式、多层次、多门类、多渠道的合作企业和个体企业的统称。包括乡镇办企业、村办企业、农民联营的合作企业、其他形式的合作企业和个体企业五级。[3]

乡镇企业起源于建国初期的农村副业和手工业。1958 年之后，人民公社大办钢铁，投入了小型炼铁、小矿山、小煤窑、小农机修造、小水泥、食品加工和交通运输等企业。同时，把原来许多农业合作社已建立的副业小厂都无偿地转为公社工业。1959 年，毛泽东同志发表了社办工业是"我们伟大的、光明灿烂的希望"的著名讲话，并且提出了"公社工业化和国家工业化"两条腿走路的光辉论断。之后，公社实行三级（公社、生产大队、生产队）所有、队为基础的人民公社体制。社办工业转为社队企业[4]。1984 年中央 4 号文件把社队企业改为乡镇企业，包括乡镇办、村（村民小组）办、联

---

①② 李占才，运迪. 改革以来我国农村劳动力转移政策的演化及其经验. 当代中国史研究，2009（6）.

③ 幸元源. 改革开放以来我国乡镇企业的发展历程和展望. 改革与开放，2009（11）.

④ 陈剑光. 乡镇企业的由来与发展. 新财经，2001（9）.

户（合伙）办、户（个体私营）办等企业形式。

乡镇企业的发展，既有历史的渊源，也有现实的需要。按照发展经济学理论，随着工业化的发展，将产生规模效应，而出现现代工业城市，城市化和工业化需要补充大量的劳动力，城市工业在其发展过程中逐步地、大量地吸纳传统农业中分离出来的剩余劳动力，进而抽干农村劳动力的蓄水池，是一条顺乎自然、较为理想的人口转移途径。但是由于我国的工业化采取的是一条择定扭曲的牺牲农业而发展重工业的工业化路径，重工业的发展本身就具有资本、技术排挤工人的特点，吸纳的劳动力有限，再加上我国长期以来实行的城乡分治政策，尽管在数十年间农业为城市工业的发展积累了大量资金，城市的扩大与工业的发展却始终不能为农村的大量剩余劳动力提供更多的就业机会，而且在 80 年代初期，城市本身面临改革的前夜，再加上知青返程带来的就业压力，即使城市中的某些产业能够为农村剩余劳动力提供出路，却又为城乡隔绝的经济体制与严格的控制人口流动的措施这样一些农民难以逾越的障碍所阻挡。这种局面迫使农村的剩余劳动力只能在农村中寻找农业之外的新的出路。在这样的背景下，乡镇企业承担了制度释放出来的劳动力的就业转移任务。中共中央政治局 1982 年 12 月 31 日通过的《当前农村经济政策的若干问题》强调必须努力办好现有的社队企业，因为它不但是支持农业生产的经济力量，而且可以为农民的多种经营提供服务。1984 年 3 月 1日，中共中央、国务院转发《农牧渔业部和部党组关于开创社队企业新局面的报告的通知》，正式把社队企业名称改为乡镇企业，认为乡镇企业有利于实现农民离土不离乡，避免农民涌进城市。邓小平与外宾谈话时对乡镇企业非常赞赏，他把乡镇企业的发展"解决了占农村剩余劳动力百分之五十的人的出路问题""农民不往城市跑，而是建设大批小型新型乡镇"视为乡镇企业最突出最重大的意义之所在[①]。有数据表明乡镇企业成为转移农村劳动力的主要途径。1978 年乡镇企业吸纳的劳动力人数为 2 827 万人，占当年农村劳动力总数的 9.93%；1984～1988 年农村非农产业就业人数增加 5 566 万人，年均转移农业剩余劳动力 1 113 万人，出现了农业劳动力向农村非农产业转移的第一次高潮[②]。1990 年乡镇企业吸纳的劳动力人数为 9 262 万人，占当

---

①② 李占才，运迪. 改革以来我国农村劳动力转移政策的演化及其经验. 当代中国史研究，2009（6）.

年农村劳动力总数的 22.5%；2001 年乡镇企业吸纳的劳动力人数为 12 733 万人，占当年农村劳动力总数的 25.94%。乡镇企业吸纳的劳动力人数无论是绝对数还是占当年农村劳动力总数的相对值，都有了巨大的提高。[①]

（三）发展小城镇建设，推进农民离乡进城

中国的城市化应该采取什么样的路径才能有效促进中国的农村劳动力转移一直是学术界和政策界争论的焦点：在城市化发展过程中，是以大城市为主，还是以中小城市为主，或者重点发展小城镇，实现农民的就地转移，还是利用已有城市的规模集聚效应，推进城市化发展。在争论中，逐步形成就地转移论、小城镇重点论、中等城市重点论、大城市重点论、大中小并举论、因地制宜论、两头重点论等多种观点。其中，大城市重点论和小城镇重点论是两种重要的、对立的观点。[②] 在 20 世纪 80 年代，由于乡镇企业异军突起，吸纳了农村闲置劳动力，使小城市发展论占了上风，我国先后制定了发展小城镇的战略方针。我国进入小城镇繁荣发展为主导的城镇化的快速发展时期。

1981～1985 年的"六五"计划时期，国家提出加快小城镇发展的战略方针。1986～1990 年"七五"计划时期，伴随着城市经济体制改革，国家提出"控制大城市的规模，合理发展中等城市，积极发展小城市"的城市发展方针。1991～1995 年的"八五"计划时期，国家继续实施"控制大城市的规模，合理发展中等城市，积极发展小城市"的城市发展方针，我国城镇化发展进入以开发区和大城市建设为主的阶段。小城市和小城镇的大力发展成为该阶段城镇化发展的主要特征。1996～2000 年的"九五"计划时期，中共十五届三中全会通过的《中共中央关于农业和农村工作若干重大问题的决定》提出："发展小城镇，是带动农村经济和社会发展的一个大战略"。2001～2005 年的"十五"计划时期，我国《国民经济和社会发展第十个五年计划纲要》明确指出"有重点地发展小城镇，积极发展中小城市，完善区域性中心城市的功能，发挥大城市的辐射带动作用，引导城镇密集区有序发展"。党的十六大报告又进一步明确和完善了多样化的城市化发展道路，指出："要

---

① 于立，姜春海. 中国乡镇企业吸纳劳动就业的实证分析. 管理世界，2003（3）.
② 白南生. 关于中国的城市化. 中国城市经济，2003（4）.

逐步提高城市化水平，坚持大、中、小城市和小城镇协调发展，走中国特色的城市化道路。发展小城镇要以现有县城和有条件的建制镇为基础，科学规划，合理布局”。2006～2010年"十一五"计划时期，我国《经济和社会发展第十一个五年计划纲要》指出，"促进城市化健康发展，坚持大中小城市和小城镇协调发展，提高城镇综合承载能力，按照循序渐进、节约土地、集约发展、合理布局的原则，积极稳妥地推进城市化，逐步改变城乡二元结构。"

中国政府通过小城镇发展战略试图解决困扰中国发展的城乡二元社会结构，实现中国城乡的均衡发展。尽管这种办法在十几年内导致了中国的快速城市化，但是中国农村劳动力转移就业的许多政策问题仍然没有得到解决。

四、结　　论

新中国成立60多年来，针对农村劳动力的政策实践可以大致划分为三个阶段，第一阶段是50～70年代为了发展中国的重工业，对农业采取的择定扭曲阶段，其目的是为榨取农业剩余，为我国工业化建设积累资本。第二阶段是改革开放以来的80～90年代，这一阶段的政策是制度性释放与居住性限制相结合阶段，允许农民自带口粮进入小城镇经营非农业活动，但是出台了暂住证制度、蓝印户口制度对农民的城市居住权进行限制。即使诸多权利限制，但是由于长期工农业生产剪刀差的存在，城乡二元分制带来的农村的绝对贫困，以及联产承包责任制带来的农村剩余劳动力的释放，流动人口管理机制的松动，农民外出务工形成了一股强大的力量，民工潮大军形成了一股洪流，截至目前，据学者估计，全国有流动民工1.3亿。长期以来，他们在就业机会、劳动安全、工资收入、教育、医疗、保险等各方面与城市居民却有着较大的差别，甚至根本谈不上有什么保障。据调查，1998年，上海市农民工的各种收益仅为本地城市工的1/5，其中3倍的差距来自社会保障待遇；33.5%的农民工在城市里都有过失业的经历，而其中将近30%的外来农民工曾经遇到过长达半年和半年以上的失业；农民工失业期间，多数是靠自己过去的积蓄或靠亲友、老乡借钱生活；农民工生病时，59.3%的人并没有花钱看病，另外

40.7%花钱看病的人，他们人均支出是 88 546 元，而他们所就业的单位为他们提供就医的支出却仅为人均 72.3 元，不足实际看病费用的 1/12。[①] 针对农民工在城市生活中的福利缺失和社会弱势局面，学者们进行了大量的研究和调查，对此进行呼吁，并逐渐纳入到政府政策视野。根据检索到的文献有关农民工社会保障的最早规定出现在民政部 1992 年颁发的《县级农村社会养老保险基本方案（试行）》中，当时农村社会养老保险的对象包括"外出人员"。规定外来劳务人员，原则上在其户口所在地参加养老保险。由于在该方案中规定养老保险的资金筹集坚持以个人交纳为主，集体补助为辅，国家给予政策扶持的原则。由于农民工常年外出务工，集体企业补助养老保险的政策很难惠及外出务工人员，2001 年，劳动和社会保障部颁发了《关于完善城镇职工基本养老保险政策有关问题的通知》，又将农民工部分纳入城镇基本养老保险体系。

进入 21 世纪以来，对农村流动劳动力的养老保障、医疗保险、子女入学等问题进行持续关注，学者们发表了大量的文章进行呼吁，提出了许多措施。农村流动劳动力的社会政策探讨进入了第三阶段。在此期间，各个省（市、自治区）根据自身的情况也都制定了不同的法规。因此目前的状况是，农民工这一群体中部参加的是农村社会保障，部分参加的是城市社会保障。农民工的居住权、社会保障权利、子女受教育权，农民工的城市融入、政治参与和社会参与的权利，这些权利问题都纳入到讨论的议题，但是直到今天除了部分地方性实践之外，这些问题的解决还没有纳入到国家层面，促进农村劳动力转移就业的社会政策还有很长的路要走。

---

① 杨立雄．建立农民工社会保障制度的可行性研究．社会，2003（9）.

参 考 文 献

一、中文文献：

1. 著作类：

[1] 斯塔夫里阿诺斯：《全球通史——1500 年以前的世界》，上海社会科学院出版社 1988 年版。

[2] 钟水映：《人口流动与经济发展》，武汉大学出版社 2000 年版。

[3] ［美］阿瑟·刘易斯：《二元经济论》，北京经济学院出版社 1989 年版。

[4] 苏布拉塔·贾塔克：《发展经济学》，商务印书馆 1989 年版。

[5] ［美］费景汉、拉尼斯：《劳力剩余经济的发展》，华夏出版社 1989 年版。

[6] ［美］阿瑟·刘易斯：《次经济论》，北京经济学院出版社 1989 年版。

[7] ［美］M. P. 托达罗：《经济发展与第三世界》，中国经济出版社 1992 年版。

[8] 柴芳：《中国流动人口问题》，河南人民出版社 2000 年版。

[9] 杜鹰、白南生：《走出乡村：中国农村劳动力流动实证研究》，经济科学出版社 1997 年版。

[10] 黄平主编：《寻求生存：当代中国农村外出人口的社会学分析》，云南人民出版社 1997 年版。

[11] 王章辉、黄柯柯：《欧美农村劳动力转移与城市化》，社会科学文献出版社 1998 年版。

[12] 邓一鸣：《中国农业剩余劳动力的利用与转移》，中国农村读物出

版社 1991 年版。

[13] 韩俊：《跨世纪的难题——中国农业劳动力转移》，山西经济出版社 1994 年版。

[14] 陈吉元：《中国农业劳动力转移》，人民出版社 1993 年版。

[15] 王渊明：《历史视野中的人口与现代化》，浙江人民出版社 1995 年版。

[16] 速水佑次郎，李周译，蔡昉、张车伟校：《发展经济学——从贫困到富裕》，社会科学文献出版社 2003 年版。

[17] [意] 卡洛·M·奇波拉：《世界人口经济史》，商务印书馆 1993 年版。

[18] 安斯利·寇尔：《人口转变理论再思考——社会人口学的视野》，顾宝昌编，商务印书馆 1992 年版。

[19] 迪帕·纳拉扬：《谁倾听我们的声音》，中国人民大学出版社 2001 年版。

[20] 阿玛蒂亚·森，王宇、王文玉译：《贫困与饥荒》，商务印书馆 2001 年版。

[21] 世界银行编：《贫困与对策》，经济管理出版社 1996 年版。

[22] 唐钧：《中国城市居民贫困线研究》，上海科学出版社 1994 年版。

[23] [美] 西奥多·舒尔茨：《改造传统农业》，梁小民译，商务印书馆 2003 年版。

[24] 李成贵：《中国农业政策——理论与框架分析》，中国社会科学文献出版社 1999 年版。

[25] [法] H. 孟德拉斯，李培林译：《农民的终结》，社会科学文献出版社 2005 年版。

[26] 周志祥、范建平编著：《农村发展经济学》，中国人民大学出版社 1988 年版。

[27] 童星著：《发展社会学与中国现代化》，社会科学文献出版社 2005 年版。

[28] 张培刚：《农业与工业化》（中文版）（下卷），华中工学院出版社 1984 年版。

[29]《中国大百科全书：建筑．园林．城市规划卷》，中国大百科全书出版社 1988 年版。

[30] 林光等著：《成功与代价——中外城市化比较新论》，东南大学出版社 2000 年版。

[31] 康绍帮，张宁等编译：《城市社会学》，浙江人民出版社。

[32][美] 金德尔伯格：《经济发展》，上海译文出版社 1986 年版。

[33][美] 阿瑟·刘易斯：《经济增长与波动》，华夏出版社 1987 年版。

[34] 罗荣渠：《现代化新论》增补本，商务印书馆 2004 年版。

[35] 蔡昉：《中国的二元经济与劳动力转移——理论分析与政策建议》，中国人民大学出版社 1990 年版。

[36][英] 保罗·哈里森：《第三世界——苦难．曲折．希望》，新华出版社 1984 年版。

[37] 保罗·贝罗赫：《一九〇〇年以来的第三世界的经济发展》，上海译文出版社 1979 年版。

[38] 李国庆：《日本农村的社会变迁——富士见町调查》，中国社会科学出版社 1999 年版。

[39] 吴志生主编；《东南亚国家经济发展战略研究》，北京大学出版社 1987 年版。

[40][澳] 休·史卓顿、莱昂内尔·奥查德：《公共物品、公共企业和公共选择——对政府功能的批评与反批评的理论纷争》，费昭辉等译，高鸿业校，经济科学出版社 2000 年版。

[41][美] 斯蒂格勒兹：《经济学》，人民大学出版社 1997 年版。

[42] 世界银行：《1997 年世界发展报告：变革世界中的政府》，中国财政经济出版社 1997 年。

[43] 唐建新、杨军：《基础设施与经济发展——理论与政策》，武汉大学出版社 2003 年版。

[44] 陈宗德、丁泽霁主编：《改造传统农业的国际经验——对发展中国家的研究》，中国人民大学出版社 1992 年版。

[45] 朱昌利：《印度农村经济问题》，云南大学出版社 1991 年版。

[46][印] 鲁达尔·达特，雷启淮等译：《印度经济》（下），四川大学

出版社 1994 年版。

[47] 刘传哲、朱成名：《农村工业化——国际经验与中国道路》，吉林人民出版社 1992 年版。

[48] 王廉、崔健：《世界的扶贫实践与政策方向》，暨南大学出版社 1996 年版。

[49] 尹保云：《现代化通病——20 多个国家和地区的经验教训》，天津人民出版社 1999 年版。

[50] [美] 埃德加·法伊格，郑介甫译：《地下经济学》，上海三联出版社 1995 年版。

[51] 林承节主编：《印度现代化的发展之路》，北京大学出版社 2001 年 5 月第 1 版。

[52] 世界银行：《变革世界中的政府，1997 年世界发展报告》，中国财政经济出版社 1997 年版。

[53] 乔耀章：《政府理论》，苏州大学出版社 2000 年版。

[54] 辛向阳：《新政府论》，中国工人出版社 1994 年版。

[55] 金太军主编：《政府职能梳理与重构》，广东人民出版社 2002 年版。

[56] 亚当·斯密：《国富论》下卷，商务印书馆 1974 年版。

[57] [英] 埃德蒙·惠特克：《经济思想流派》，上海人民出版社 1974 年版。

[58] 陈振明：《公共管理学——一种不同于传统行政学的研究路经》第二版，人民大学出版社 2003 年。

[59] 赵一红：《东亚模式中的政府主导作用分析》，中国社会科学文献出版社 2004 年版。

[60] 陈宪：《市场经济中的政府行为》，上海立信会计出版社 1995 年版。

[61] 陆丁：《看得见的手——市场经济中的政府职能》，上海人民出版社 1993 年版。

[62] [美] H·西蒙：《现代决策理论的基石》中译本，北京经济学院出版社 1989 年版。

　　[63]［美］埃莉诺·奥斯特罗姆，余逊达、陈旭东译：《公共事务的治理之道》，上海三联出版社 2000 年版。

　　[64]［美］塞缪尔·亨廷顿：《变乱社会中的政治秩序》（中译本），生活·读书·新知三联书店 1996 年版。

　　[65]［英］K. H. 科尔巴奇，张毅、韩志明译：《政策》，吉林人民出版社 2005 年版。

　　[66] 朴贞子、金炯烈：《政策形成论》，山东人民出版社 2005 年版。

　　[67] 丁煌：《政策执行的阻滞机制及其防治对策——一种基于行为和制度的分析》，人民出版社 2002 年版。

　　[68]［美］约翰·伊特韦尔等：《新帕尔格雷夫经济学大辞典》（第二卷）中译本，经济科学出版社 1992 年版。

　　[69] 曼库尔·奥尔森，苏长和、嵇飞译：《权力与繁荣》，上海人民出版社 2005 年版。

　　[70] 严强，魏姝主编：《社会发展理论——发展中国家视角》（第二版），南京大学出版社 2005 年版。

　　[71] 郑弘毅主编：《农村城市化研究》，南京大学出版社 1998 年版。

　　[72] 朱林兴、孙林桥：《论中国农村城市化》，同济大学出版社 1996 年版。

　　[73] 郑杭生主编：《社会学概论（新修）》，中国人民大学出版社 1994 年版。

　　[74] 蔡昉、都阳、王美艳：《劳动力流动的政治经济学》，上海三联书店，上海人民出版社 2003 年版。

　　[75]［美］詹姆斯·C. 斯科特：《农民的道义经济学：东南亚的反叛与生存》（中译本），译林出版社 2001 年版。

　　[76]［瑞典］冈纳·缪尔达尔，方福前译：《亚洲的戏剧——南亚国家贫困问题研究》，首都经济贸易大学出版社 2001 年 7 月版。

　　[77] 辜胜阻、刘传江：《人口流动与农村城镇化战略管理》，华中理工大学出版社 2000 年版。

　　[78] 林毅夫、蔡昉、李周：《中国的奇迹：发展战略与经济改革》（增订版），上海三联书店、上海人民出版社 1994 年版。

[79] 中央文献研究室：《十二大以来重要文献选编（下)》，中央文献出版社 2011 年版。

2. 论文类：

[1] 黄乾、原新："非正规部门就业：效应与对策"，《财经研究》，2000 年第 2 期。

[2] 郎丽华："中小企业社会服务体系的国际经验及其对我国的启示"，《中国集体经济》，2005 年第 1 期。

[3] 刘平："新二元社会与中国社会转型研究"，《中国社会科学》，2007 年第 1 期。

[4] 安妮·克鲁格："发展过程中的政府失效"，《经济社会体制比较》，1991 年第 3 期。

[5] 张华初："非正规就业：发展现状与政策措施"，《管理世界》，2002 年第 11 期。

[6] 李永刚："拉丁美洲非正规部门初探"，《拉丁美洲研究》，2005 年第 6 期。

[7] 乔观民等："对城市非正规就业概念理论思考"，《宁波大学学报》（人文科学版），2005 年第 4 期。

[8] 王晓丹："印度贫困农民的状况及政府的努力"，《当代亚太》，2001 年第 4 期。

[9] 司马军："印度积极解决农村就业问题"，《世界农业经济资料》，第 23 集，1989 年。

[10] 朱农："发展中国家的城市化问题研究"，《经济评论》，2005 年第 5 期。

[11] 曾国安："试论工业化的含义"，《当代经济研究》，1998 年第 3 期。

[12] 李建新、涂肇庆："滞后与压缩：中国人口生育转变的特征"，《人口研究》，2005 年第 3 期。

[13] 郭熙保、罗知："论贫困概念的历史演进"，《江西社会科学》，2005 年第 11 期。

[14] 吴理财："贫困的经济学分析及其分析的贫困"，《经济评论》，

2001 年第 4 期。

　　[15] 童星、林闽钢："我国农村贫困标准线研究"，《中国社会科学》，1993 年第 3 期。

　　[16]《中国城镇居民贫困问题研究》课题组和《中国农村贫困标准》课题组的研究报告，1990 年。

　　[17] 刘俊文："超越贫困陷阱——国际反贫困问题研究的回顾与展望"，《农业经济问题》，2004 年第 10 期。

　　[18] 韩俊："我国农业劳动力转移的阶段性及其特点"，《人口研究》，1990 年第 5 期。

　　[19] 韩保江："乡镇企业吸纳劳动力边际递减与剩余劳动力反梯度转移"《经济研究》。

　　[20] 刘传江："西方人口转变的描述与解释"，《国外财经》，2000 年第 1 期。

　　[21] 李建民："人口转变论的古典问题和新古典问题"，《中国人口科学》，2001 年第 4 期。

　　[22] 文军：《从生存理性到社会理性选择：当代中国农民外出就业动因分析》，《社会学研究》，2001 年第 6 期。

　　[23] 吴敬琏："实现农村剩余劳动力转移是解决'三农'问题的中心环节"，《宏观经济研究》，2002 年第 6 期。

　　[24] 韩俊："我国农业劳动力转移的阶段性及其特点"，《人口研究》，1990 年第 5 期。

　　[25] 康就升："亦工亦农人口与农业劳动力转移"，《西北人口》，1984 年第 3 期。

　　[26] 陈冰："农业剩余劳动力的转移趋缓问题"，《人口研究》，1989 年第 2 期。

　　[27] 董晖："我国农业劳动力转移模式与城镇化道路"，《人口学刊》，1989 年第 6 期。

　　[28] 邓长发："浅谈农村剩余劳动力的转移"《西北人口》，1988 年第 2 期。

　　[29] 董晖："我国农业劳动力转移模式与城镇化道路"，《人口学刊》，

1989 年。

　　[30] 杨小苏："关于农业劳动力转移问题的探讨"，《人口研究》，1990年第 6 期。

　　[31] 吕世平、丁虹："区域经济持续发展与农村剩余劳动力转移"，《中国人口科学》，1997 年第 4 期。

　　[32] 成德宁："城市偏向与农村贫困"，《武汉大学学报》（哲学社会科学版），2005 年第 2 期。

　　[33] 于春梅："世界城市贫穷人口的增长"，《城市问题》，1997 年第 4 期。

　　[34] 朱农："发展中国家的城市化问题研究"，《经济评论》，2005 年第 5 期。

　　[35] 曾国安："试论工业化的含义"，《当代经济研究》，1998 年第 3 期。

　　[36] 廖跃文："城市和城市化：理论研究的回顾"，《华东师范大学学报》（哲学社会科学版），1993 年第 4 期。

　　[37] 范建纲："论城市化滞后的真正含义"，《云南民族大学学报》，（哲学社会科学版），2005 年第 2 期。

　　[38] 王晓丹："印度贫困农民的状况及政府的努力"，《当代亚太》，2001 年第 4 期。

　　[39] 司马军："印度积极解决农村就业问题"，《世界农业经济资料》，第 23 集，1989 年。

　　[40] 谢文泽："拉丁美洲的非正规经济"，《拉丁美洲研究》，2001 年第 5 期。

　　[41] 宋秀坤、黄扬飞："非正规经济与上海市非正规就业初探"，《城市问题》，2001 年第 2 期。

　　[42] 张华初："非正规就业：发展现状与政策措施"，《管理世界》，2002 年第 11 期。

　　[43] 乔观民等："对城市非正规就业概念理论思考"，《宁波大学学报》，（人文科学版），2005 年第 4 期。

　　[44] 黄乾、原新："非正规部门就业：效应与对策"，《财经研究》，

2000 年第 2 期。

[45] 安妮·克鲁格："发展过程中的政府失效"，《经济社会体制比较》，1991 年第 3 期。

[46] 李春成："论后发现代化国家的理性决策"，《复旦学报》，（社会科学版），2001 年第 2 期。

[47] 王建民："社会转型中的象征二元结构以农民工群体为中心的微观权力分析"，《社会》，2008 年第 2 期。

[48] 熊光清："从限权到平权：流动人口管理政策的演变"，《社会科学研究》，2012 年第 6 期。

[49] 蓝海涛："改革开放以来我国城乡二元结构的演变路径"，《经济研究参考》，2005 年第 17 期。

[50] 尹德挺、苏杨："建国六十年流动人口演进轨迹与若干政策建议"，《改革》，2009 年第 9 期。

[51] 尹德挺、黄匡时："改革开放 30 年我国流动人口政策变迁与展望"，《新疆社会科学》，2008 年第 5 期。

[52] 陆益龙："1949 年后的中国户籍制度：结构与变迁"，《北京大学学报（哲学社会科学版)》，2002 年第 3 期。

[53] 张玮：从"蓝印户口"政策看城市"购房落户"，《北方经济》，2012 年第 11 期。

[54] 李占才、运迪："改革以来我国农村劳动力转移政策的演化及其经验"，《当代中国史研究》，2009 年第 6 期。

[55] 幸元源："改革开放以来我国乡镇企业的发展历程和展望"，《改革与开放》，2009 年第 11 期。

[56] 陈剑光："乡镇企业的由来与发展"，《新财经》，2001 年第 9 期。

[57] 于立、姜春海："中国乡镇企业吸纳劳动就业的实证分析"，《管理世界》，2003 年第 3 期。

[58] 白南生："关于中国的城市化"，《中国城市经济》，2003 年第 4 期。

[59] 王建民："社会转型中的象征二元结构以农民工群体为中心的微观权力分析"，《社会》，2008 年第 2 期。

［60］熊光清：“从限权到平权：流动人口管理政策的演变”，《社会科学研究》，2012 年第 6 期。

［61］蓝海涛：“改革开放以来我国城乡二元结构的演变路径”，《经济研究参考》，2005 年第 17 期。

［62］尹德挺、苏杨：“建国六十年流动人口演进轨迹与若干政策建议”，《改革》，2009 年第 9 期。

［63］尹德挺、黄匡时：“改革开放 30 年我国流动人口政策变迁与展望”，《新疆社会科学》，2008 年第 5 期。

［64］陆益龙：“1949 年后的中国户籍制度：结构与变迁”，《北京大学学报（哲学社会科学版）》，2002 年第 3 期。

［65］张玮：从“蓝印户口”政策看城市“购房落户”，《北方经济》，2012 年第 11 期。

［66］李占才、运迪：“改革以来我国农村劳动力转移政策的演化及其经验”，《当代中国史研究》，2009 年第 6 期。

［67］幸元源：“改革开放以来我国乡镇企业的发展历程和展望”，《改革与开放》，2009 年第 11 期。

［68］陈剑光：“乡镇企业的由来与发展”，《新财经》，2001 年第 9 期。

［69］于立、姜春海：“中国乡镇企业吸纳劳动就业的实证分析”，《管理世界》，2003 年第 3 期。

二、英文文献：

［1］Ronald Skeldon. *Population Mobility in Developing countries*：*A Reinterpretation*, Belhaven Press, London, 1990.

［2］Calvin Goldscheider. *Rural Population in Developing Nations*：*Comparative Studies of Korea*, *Sri Lakeland Mali*, Westview, London, 1984.

［3］Gavin W. Jones and Pravin Visaria. *Urbanization in Large developing Countries*：*China Indonesia Brazil and India*, Clarendon press, Oxford, 1997.

［4］United Nations. *World Population prospects*, New York, 2003.

［5］Dennis Rondinelli and Ronald W Johnson. *Third World Urbanization and American Foreign Aid Policy Development Assistance in the 1990s*, Policy Studies Review，Winter 1990 Vol. 9，No. 2.

[6] M. Vlassoff and Carol Vlassoff. *Old Age Security and the Utility of Children in Rural India，Population Studies*，Vol. 34，No. 3，1980.

[7] World Bank. Globalization，*Growth and Poverty*：*Building an Inclusive World Economy*，2002.

[8] P. G. Dhar Chakrabarti. *Urban crisis in India*：*new initiatives for sustainable cities* Development in practice，Volume11，Numbers 2&3，May 2001.

[9] Thomas Reardon. *Rural Non-farm Employment and Incomes in Latin America*：*Overview and Policy Implications*，East Lansing，USA，World Development，Vol29.

[10] Thomas Reardon. *Rural Non-farm Employment and Incomes in Latin America*：*Overview and Policy Implications*，Michigan State University，East Lansing，USA，World Development，Vol. 29.

[11] Junior Davis. Natural Institute Report No. 2635 Research Project V0135，*Conceptual issues in analyzing the rural non-farm economy in transition economies*，August 2001.

[12] Hawzah Sendut. *Contemporary urbanization in Malaysia* Asian Survey：Vol. 6，Num. 9，1966.

[13] Alan B. Simmons. *Slowing metropolitan city growth in Asia*：*policies，programs and results*，Population and development review，Vol. 5，No. 1，1979.

[14] Thomas R. Leinbach. S*mall enterprises，Fungibility and Indonesian Rural Family Livelihood Stratrgies*，Asia Pacific Viewpoint，Vol. 44，No. 1，April，2003.

[15] Thomas R. Leinbach，Adrian Smith. *Off-farm employment，land，and life cycle*：*transmigrant households in South Sumatra，Indonesia*. Economic Geography，Vol. 70，1994.

[16] Mohammad Zaman. *Resettlement and Development in Indonesia*，Journal of Contemporary Asia，Vol. 32，2002.

[17] Klarrita Gerxhani. *The Informal Sector in Developed and Less Developed Countries*：*A Literature Survey*，Public Choice，Volume 120，Numbers 3 – 4/Sep-

tember, 2004.

[18] Martha Alter Chen, Marilyn Carr, Joann. *Mainstreaming Informal Employment and Gender in Poverty Reduction: A Handbook for Policy-makers and Other Stakeholders*, London, Marlborough.

[19] Biswajit Banerjee. *The Role of The Informal Sector in the Migration Process: A Test of Probabilistic Migration Modles and Labour Market Segmentation for India*, Oxford Economic Papers New Series, Vol35, No. 3, 1983.

[20] ILO. *Women and Men in the Informal Economy: A Statistical Picture*, Geneva: ILO. 2002.

[21] EDI Suharto. *Human Development and Urban Informal Sector in Bangdung, Indonesia: the Poverty Issue*, New Zealand Journal of Asian Studies 4, 2 December, 2002.

[22] ILO. *Supporting Workers in the Informal Economy: A Policy Framework*. 2002, Genava.

[23] ILO. *Social Protection For Informal Workers: Insecurity, Instruments and Institutional Mechanism*, Geneva, 2003.

[24] Onkarnath Chattopadhyay. *Safety and Health of Urban Informal Sector Workers*, Indian Journal of Community Medicine, Vol. 30, No. 2, April-june, 2005.

[25] World Bank work papers, Linsu Kim, Jeffrey B. Nugent. *the Republic of Korea's Small and Medium-size Enterprises and Their Support Systems*.

[26] Wilson Peres and Giovanni Stumpo. *Small and Medium-sized Manufacturing Enterprises in Latin America and the Caribbean Under the New Economic Model*, World Development Vol. 28, No. 9.

[27] World Bank work papers, Linsu Kim, Jeffrey B. Nugent. *the Republic of Korea's Small and Medium-size Enterprises and Their Support Systems*.

[28] http: //econ. lse. ac. uk/courses/ec428/L/Lanjouw. pdf. Jean O · Lanjouw and Peter Lanjouw: *Rural Non-farm Employment: A Survey*.

[29] http: //www. ilo. org/inst, Ashwani Saith: *Social Protection, Decent Work and Development*.

［30］ http：//www. unescap. org/esid/psis/population/popseries/apss158/part1_
1. pdf.

［31］ http：//are. berkeley. edu/ ~ sadoulet/papers/Handbook _ text. pdf,
Alain de Janvry：*Rural Development and Rural Policy*.

［32］ http：//www1. worldbank. org/wbiep/decentralization/library1/1475. pdf.
Andrew N. Parker：*Decentralization*：*The Way Forward Rural Development*.

［33］ http：//www. ifpri. org/divs/eptd/dp/papers/eptdp92. pdf，Steven Hag-
gblade，Peter Hazell，*Strategies For Stimulationg Poverty – Alleviating Growth In The
Rural Non-farm Economy in Developing Countries*.

［34］ http：//www. nri. org/rnfe/pub/papers/2770. pdf. *India*：*Policy Initia-
tives for Strengthening Rural Economic Development*：*Case Studies from Madhya
Pradesh and Orissa India*.

［35］ http：//www. ifpri. org/divs/eptd/dp/papers/eptdp92. pdf，Steven Hag-
gblade，Peter Hazell，*Strategies for Stimulationg Poverty – Alleviating Growth in the
Rural Non-farm Economy in Developing Countries*.

［36］ http：//www. ifpri. org/events/seminars/2005/smallfarms/sfproc/SO4_
Haggblade. pdf，Steven Haggblade，Peter Hazell，Thomas Reardon：*The rural
Non-farm Economy*：*Pathway out of Poverty or Pathway in*？

［37］ http：//www. developmentfirst. org/india/planning_commission/special_
study_reports/nonfarm_eco_ruraldev. pdf，G·S·Mehta：*Non-farm economy and ru-
ral development*.

［38］ http：//www. itcltd. com/microleasing/docs/a-dowla. pdf，Asif Ud Dow-
la，*Micro Leasing*：*The Grameen Bank Experience*.

［39］ http：//www. livelihoods. org/hot _ topics/docs/Dhaka _ CP _ 2. pdf. *An
Overview of Migration in India*，*Its Impacts and Key Issues*. Ravi，Srivastava，New
Delhi，India，2003.

［40］ http：//adb. org/Documents/Reports/Consultant/TAR – IND – 4066/
Agriculture/jha. pdf. *Economics Policies for Augmenting Rural Employment in India*，
Brajish Jha New Delhi.

［41］ http：//adb. org/Documents/Reports/Consultant/TAR – IND – 4066/

Agriculture/jha. pdf. *Economics Policies for Augmenting Rural Employment in India*, Brajish Jha New Delhi.

［42］ http//passlivelihoods. org. uk，N. C. Saxena：*The Rural Non-farm Economy in India：Some Policy Issues.*

［43］ http：//www. cassey. com/FEA2004 – 14. pdf，Anoma Abhayaratne：*Poverty Reduction Strategies in Malaysia* 1970～2000：*Some lessons.*

［44］ http：//www-ilo-mirror. cornell. edu/public/english/bureau/stat/download/papers/wp53. pdf. R. Hussmanns：*Measuring the in formal economy：from employment in informal sector to informalemployment,*

［45］ http：//training. itcilo. it/decentwork/staffconf2003/documents/Galli% 20Kucera% 20Informal% 20Short. pdf. Rossana Galli：*Labor Standards and Informal Employment in Latin America.*

［46］ http：//www. gersterconsulting. ch/docs/PRSP _ PSD _ informal _ sector. pdf. Niklaus Eggenberger – Argote：*Informal Sector support and poverty Reduction*

［47］ http：//www. livelihoods. org/hot_topics/docs/Dhaka_CP_2. pdf. Ravi，Srivastava：*An Overview of Migration in India，Its Impacts and Key Issues,* New Delhi，India，2003.

［48］ http：//cds. edu/download_files/332. pdf，K・P・Kannan：*The Welfare Fund Model of Social Security for Informal Sector Workers：The Kerala Experience.*

［49］ http：//www. odi. org. uk/rpeg/research/migration/reports/Deshingkar 2004. pdf. *Rural Urban Links in Inia：New Policy challenges for Increasingly Mobile Populations,* Priya Deshingkar，World Bank，2004.

［50］ Ronald Skeldon. *Migration and Poverty,* Asia – Pacific Population Journal，December 2002.

［51］ Michael P. Todaro. *A Model of Labor Migration and Urban Unemployment in Less Developed Countries,* American Economic Review.

［52］ David E. Bloom Richard B. Freeman. *The Effects of Rapid Population Growth on Labor Supply and Employment in Developing Countries, Population and development Review.*

［53］ Richard E. Bilsborrow. *The Impact of origin Community Characteristics on Rural-urban out – Migration in a Developing Countries*, Demography, Vol. 24, No. 2, 1987.

［54］ UNDP：*Rethinking Rural-urban Linkages*：*an Emerging Policies Priority*, New York, and Oct. , 2000.